박민영
지음

용기 있는
10대를 위한
세상 읽기

그러니까
이게,

사회
라고요?

북트리거

청소년의 냉철한 사회 현실 인식을 위하여

아마 대학을 졸업한 직후였을 것이다. 나는 잠시 가정방문 학습지 교사 노릇을 한 적이 있었다. 중학생 몇 명을 할당받아 가르치게 되었다. 하는 일이 학생을 가르치는 일이니, 학생이 잘 알아듣도록 그저 열심히 가르치기만 하면 될 줄 알았다. 그러나 머잖아 그것만은 아니라는 사실을 알게 되었다.

이를테면 이런 식이었다. 한 학생의 집을 방문했다. 집에 들어서면 학생의 어머니께 인사를 하고 학생이 있는 방으로 들어갔다. 공부를 시작하려 하면, 학생의 어머니가 간단한 다과를 내오는 경우가 많았다. 그런데 어머니들 중 상당수가 나갈 때 문을 빼꼼히 열어 놓고 나갔다. 나는 그 이유를 나중에 알았다.

그렇게 문을 열어 놓으면 방 안의 소리가 거실에서도 들려, 자식이 열심히 하는지도 알 수 있고, 교사가 잘 가르치는지도 알 수 있다. 물론 새로 온 교사의 실력이 궁금해서 처음에는 그럴 수도 있다. 문제는 아이를 가르친 지 꽤 됐는데도 그러는 어머니들이 적지 않았다는 사실이다.

문제는 나였다. 이런 일들이 반복되자 나는 차츰 학생에게 신경을 쏟는 것이 아니라, 문밖의 학부모를 신경 쓰게 되었다. 문밖의 학부모에게 '내가 열심히 가르치고 있다'는 것을 보여 주기에 급급해졌다. 학생을 가르치기 위해 왔건만, 정작 신경 쓰는 것은 학부모의 반응이라는 것. 이것은 뭔가 자가당착(自家撞着)적인 측면이 있었다.

내가 이런 고민을 학습지 지점장에게 털어놓자 그는 이렇게 물었다.

"박 선생, 우리의 고객이 누구야?"

"학생이요."

"학생? 아니지. 학부모지. 학부모가 돈을 내잖아. 그러니 학부모를 만족시키는 게 맞지. 학부모를 만족시키는 것이 학생을 만족시키는 것이고."

학부모를 만족시키는 것이 학생을 만족시키는 것이라는 그의 말은 학생의 주체성을 부정하는 것이었다. 그의 말은 학부모를 만족시키는 것이 결국 나의 일이었음을 확인시켜 주었다. 그저 아이를 열심히 가르치기만 하면 된다는 나의 생각은 순진한 것이었다. 결국 나는 그 일을 그만두었다.

내가 오래전 일을 언급하는 이유는 청소년을 대상으로 한 책도 비슷한 딜레마에 빠질 수 있다고 보기 때문이다. 명분은 청소년을 대상으로 한다고 말하지만, 실제로는 어른들의 눈치를 보며 쓰이고, 그들을 만족시키는 책들이 많다. 왜냐하면 많은 청소년 책들이 학교 교사나 학원 강사, 학부모 같은 어른들에 의해 선택되고 권장되기 때문이다. 실제로 그렇게 선택되고 권장된 책들이 시장에서 잘 팔려 나가는 것도 사실이다.

글쟁이 생활을 한 지 15년이 다 되어 가지만, 그간 청소년 책을 쓰는 일에 별로 관심이 없었던 것도 그 때문이었다. 청소년 도서 시장은 독자적인 시장이 아니라고 판단했던 것이다. 대부분의 청소년들이 입시 교육에 발이 묶여 있는 한, 청소년 도서 시장은 청소년들을 관리하고 교육하는 어른들의 하위 시장일 수밖에 없다.

그래서 《고교독서평설》에서 연재 청탁이 들어왔을 때에도 '이것을 써야 되나, 말아야 되나' 고민했다. 고민 끝에 내린 결론은 일단 내 원칙과 소신대로 쓰고, 그렇게 쓰는 것이 허락되지 않는다면 그때 그만둬도 늦지 않다는 것이었다. 다행히도 《고교독서평설》 편집부는 나의 문제의식과 관점을 널리 수용해 주었을 뿐 아니라, 오히려 독자들의 반응이 좋다며 격려를 아끼지 않았다. 이 책은 그간 연재했던 것을 단행본 형식에 맞게 전면 개고(改稿)한 것이다.

연재를 하면서 내 나름대로 세운 원칙은 두 가지였다. 하나는 청소년이 알아야 할 주제가 따로 있는 듯이 주제를 제한하지 않았다는 것이다. 나는 청소년이 알아야 할 주제와 성인이 알아야 할 주제가 따로 있다고 생각하지 않는다. 성인에게 중요한 문제는 청소년에게도 중요하다. 물론 청소년을 대상으로 한 글이니만큼 쉽게 쓰려는 노력은 필요하다. 나 역시 그렇게 쓰려고 노력했다. 그러나 '이런 주제는 어른들끼리 논할 문제이지, 청소년들까지 알 필요는 없다'며 주제를 제한하지는 않았다.

또 하나는 현실을 미화하지 않았다. 이 역시 많은 청소년 도서에서 일반적으로 발견되는 편향이다. 청소년 도서가 현실을 미화하는 가장 큰 이유는 역시 입시 교육 때문이다. 입시 교육은 기본적으로 국가에 의해 관리되는 교육이다. 청소년들이 현실이나 미래를 절망적이거나 비판적으로 바라보기보다는 긍정적으로 바라보는 것, 그것이 국가가 원하는 바다. 그래야 앞으로 살아갈 날이 많은 청소년들이 용기를 갖고 열심히 살 것이라고 생각한다.

그러나 미래의 주역인 청소년들이 미래를 슬기롭게 헤쳐 나가기 위해 필요한 것은 오히려 현실에 대한 미화되지 않은 인식, 있는 그대로의 현실 인식이다. 냉철한 현실 인식은 앞으로 맞닥뜨릴 사회문제들을 해결할 수 있는 기본 토대다. 있는 그대로의 현실을 알고, 이를 통해 청소년들이 '아, 이런 문제들이 우리 주변에 있구나. 내가 이런 것을 고민해 봐야겠다.'라는 생각을 해야, 스스로 자신과 사회의 미래를 주도적으로 만들어 갈 수 있다. 세상을 살아가는 힘은 현실에 대한 긍정적 인식이 아니라, 오히려 냉철한 현실 인식과 문제의식 속에서 생겨난다. 이 책은 나의 그런 믿음의 산물이다.

이 책에서 다루는 주제들은 다양하다. 언뜻 산만해 보일지 모르겠다. 그러나 나름 우리가 살면서 일상적으로 부딪히는 문제들, 그리고 살아가는 데 있어서 '이것은 반드시 알아야 한다'고 생각되는 문제들을 뽑아 정리했다. 주제가 다양하기는 하지만 한 꼭지의 분량이 적지 않아, 읽고 나면 하나의 문제에 대해 깊이 있게 이해할 수 있으리라 생각한다. 또한 사회의 여러 문제들이 서로 어떤 관계를 맺고 있는지도 개괄할 수 있을 것이다.

2017년 여름
박민영

차례

아이는 이해할 수 없다는 표정으로 엄마를 빤히 보면서 말한다.

"공부해서 뭐할 건데, 대학 가면 뭐할 건데,

그렇게 노력해서 살면 뭐할 건데!

그렇게 사는 게 좋아? 좋냐고!"

순간 엄마는 뭐라고 말해야 할지 알 수가 없다.

그래서 더 오기를 부리듯 악을 쓴다.

"그럼, 어떻게 살 건데? 어떻게 살 거냐고?"

"왜 그렇게 열심히 살아야 해?

열심히 해도 행복하지 않은데 왜 그렇게 살아야 하냐고……

다 귀찮아. 공부하는 것도 귀찮고, 사는 것도 귀찮아, 다 싫다고!"

— 이승욱 외, 『대한민국 부모』(문학동네)에서

1

키워드

학벌

어느 날
서울대가 사라졌습니다

?

대학 졸업장이
'생존'을 보장해 줄까?

: 학력 인플레이션 :

본래 '인플레이션'은 경제 용어다. 인플레이션은 시중에 유통되는 돈의 양이 많아져 그 실질 가치가 떨어지는 현상을 말한다. 그러면 '학력(學歷) 인플레이션'이란 무엇일까? 대학에서 발급해 주는 졸업장의 양이 많아져, 노동시장에서 졸업장의 가치가 떨어지는 현상을 말한다. 대학 졸업장도 노동시장에서는 하나의 상품에 불과하다. 대졸자가 얼마 되지 않으면 당연히 노동시장에서 귀한 대접을 받을 것이다. 그러나 많은 사람들이 대학에 진학하면, 대졸자의 가치가 떨어져 상대적으로 홀대받는다. 이러한 현상을 '학력 인플레이션'이라 한다.

우리나라의 학력 인플레이션은 심각하다. 지금은 고졸자의 80% 이상이 대학에 진학함으로써, 사실상 전 국민이 대졸자가 되어 가고 있다. 1990년대 초반만 하더라도 대학을 졸업하면 괜찮은 직장에 높은 임금을 받았지만, 지금은 대졸자 환경미화원, 아파트 경비원, 구두수선공을 발견하는 일도 드물지 않게 되었다. 노동시장의 측면에서 보면, 고학력자들이 과잉 공급되고 있음을 부인하기 힘들다. 그런데도 왜 많은 청년들이 더 배우려 하고, 또 부모들도 자식을 더 가르치려 애쓰는 것일까? 설마 우리나라 사람들의 학문에 대한 열정이나 지식욕이 다른 나라 사람들보다 유달리 많아서 그런 것은 아닐 것이다.

우리나라 교육열이 뜨거운 데는 다른 이유가 있다. 그것은 학벌 차별이 심하기 때문이다. 우리나라는 취직, 연봉, 승진, 출세에 있어서 학벌에 따른 격차가 크다. 학벌이 좋은 사람은 노동시장에서 우월한 지위를 차지할 수 있다. 이 불평등 때문에 많은 사람들이 대학에 가려 한다. 학력 인플레가 심해지면서 대학 졸업장이 더 이상 예전처럼 출세와 성공을 보장해 주지 않는다는 사실을 사람들은 이미 알고 있다. 그럼에도 학벌 경쟁을 그만두지 못하는 이유는 졸업장이 적어도 '생존'은 보장해 준다고 믿기 때문이다. 그러나 지금은 그마저도 쉽지 않은 상황이다. 왜냐하면 대학 진학이 일자리 자체를 늘려 주지는 않기 때문이다. 대학에 진학하는 것과 일자리가 늘어나는 것은 별개의 문제다.

높은 대학 진학률은 흔히 생각하듯 개인의 선택만은 아니다. 이는 국가 정책의 일환이기도 하다. 특히 요즘 같은 불황기에 많은 청년들이 대학에 가는 것은 정부에 좋다. 대학생은 실업자에 포함되지 않기 때문이다. 학생들의 높은 대학 진학률은 실업률을 낮추는 데 결정적인 역할을 한다. 그 때문에 대학들은 거대한 인력의 저수지, 가두리 양식장에 비유되기도 한다.

프랑스는 왜
대학명에 숫자를 붙여 부를까?

프랑스에서는 대학을 '파리1대학, 파리2대학, 파리3대학…' 하는 식으로 부른다. 이 대학들은 모두 국립대로 예전에는 소르본대학, 낭테르대학, 데카르트대학, 디드로대학과 같은 고유의 이름이 있었다. 그러나 지금은 그냥 숫자로 표기되고 있다. 프랑스 국립대들이 이렇게 숫자로 표기된 것은 68혁명(5월 혁명) 이후의 일이다. 프랑스도 68혁명 이전에는 우리나라처럼 대학들이 일류대, 이류대, 삼류대로 서열화되어 있었지만, 이후 평준화되었다. '파리1대학, 파리2대학…'에서, 1, 2, 3은 서열이 아니다. 그냥 편의상 붙인 숫자일 뿐이다.

68혁명의 주된 슬로건은 불평등 해소와 권위주의 타파였다. 서열화된 대학 제도는 그러한 불평등과 권위주의를 만들어 내는 주범으로 여겨졌다. 많은 대학생과 시민, 노동자들이 함께 싸운 결과 프랑스 대학들은 평준화되었고,

이름도 그냥 숫자로 표기되었다. 프랑스 최고 명문대였던 소르본대학도 '파리4대학'이 되었다.

우리나라에도 프랑스처럼 대학을 평준화하자는 논의는 있었다. 대표적인 것이 2003년 경상대 정진상 교수가 제안한 '국립대 통합 네트워크'다. 이 안의 내용은 이렇다. 우선 서울대를 포함해 전국 30개의 국공립대를 하나로 통합한다. 이 통합된 거대 대학을 편의상 '한국통합국립대'라 부르기로 하자. 30개의 국공립대는 '한국통합국립대'의 분교가 된다. 분교는 분교이되, 본교가 없는 분교다. 말하자면 일종의 네트워크 대학이다. 이름도 프랑스처럼 '한국1대학, 한국2대학, 한국3대학…' 하는 식으로 붙인다.

각 분교는 종합대에서 단과대로 바뀐다. 이를테면 1대학에는 상경대만 있고, 2대학에는 사회과학대만 있으며, 3대학에는 공과대만 있는 식이다. 다시 말해, '한국통합국립대'라는 하나의 이름 아래 단과대학들이 전국에 흩어져 있는 모양새다.

학생 선발도 '한국통합국립대'의 이름으로 한꺼번에 한다. 학생 선발은 대학 공부가 가능한지를 평가하는 '기초학력고사'를 통해 '한국통합국립대'의 전체 정원만큼 뽑는다. 입학 자격을 얻는 학생들은 1~3지망까지를 써내게 되는데, '한국통합국립대'는 학생의 거주지를 우선적으로 고려해 추첨으로 입학할 분교를 배정한다. 졸업장은 분교명이 아닌 '한국통합국립대'의 이름으로 똑같이 나간다.

물론 이러한 '국립대 통합 네트워크'는 사립대를 제외한 개혁안이다. 그러나 만약 서울대가 '한국26대학' 하는 식으로 바뀐다면, 그 자체로 사람들에게 큰 충격이 될 것이다. 학벌주의는 붕괴되고, '교육 = 입시'라는 생각도 많이 바뀔 것이다.

대학의
졸업장 장사

경제적 관점에서 보면, 대학은 사교육 기관과 마찬가지로 일정한 대가를 받고 수요자에게 지식을 파는 기능을 한다. 그렇다면 대학이 사교육 기관과 다른 점은? 지식에 '권위'를 덧붙여 판다는 점이다. 그 권위는 대학 졸업장(학위)으로 표상된다. 그런데 우리나라에서는 졸업장이 사실상 '신분증서' 역할을 한다. 그렇게 보면, 대학은 단순한 지식 판매 기관이 아니라 '신분 판정 기관'이라 할 수 있다. 사람들이 기를 쓰고 학벌을 높이고자 하는 이유가 여기에 있다. 상류층은 높은 신분을 유지하기 위해 학벌이 필요하고, 하층민은 신분 상승을 위해 학벌이 필요하다.

학벌이 신분증서 역할을 하는 한, 그 수요는 무궁무진할 수밖에 없다. 대학은 학생 정원만 늘릴 수 있으면 쉽게 돈을 번다. (지금은 고등학생 수가 감소하는 추세라 분위기가 조금 달라졌지만, 몇 년 전만 해도 많은 대학들은 입학 정원만 늘리면 판매처는 확보되어 있다고 믿었다.) 그래서 각 대학들은 기존 학과의 정원을 늘리고, 새로운 이름의 학과 만들기에 여념이 없었다. 문제는 시설이나 교수 인력도 제대로 갖추지 않은 채, 교육청을 대상으로 대대적인 로비를 전개해 학생 수를 늘리는 경우도 많았다는 점이다.

대학에는 정규 학부와 대학원만 있지 않다. 그 외에도 특수대학원, 전문대학원, 특별 과정들이 설치되어 있다. 나아가 사회교육원, 평생교육원, 어학원, 사이버대학 같은 과정들도 있다. 이는 사실상 사교육을 대학 내로 끌어들인 것이다. 이런 교육과정은 입학도 쉽다. 돈만 내면 되는 경우도 많다. 이 과정들의 주된 목적은 '학력 세탁'과 '사교'(사회 활동에 유리한 인맥을 형성하는 것)에 있다. 그럼에도 대학 명의의 수료증과 학위가 수여된다는 점 때문에 학비는 비싸다.

대학은 명예박사 학위도 판다. 명예박사 학위는 주로 캠퍼스 개발 관련 인허가권을 쥐고 있는 정관계 인사, 기부금을 내거나 건물을 공짜로 지어 준 기업인들에게 수여된다. 기업인에게는 경영학이나 경제학 학위를 주고, 정치인이나 고위 관료에게는 정치학이나 행정학 학위를 주는 식이다. 물론 대학은 '귀하가 우리 대학에 이익을 제공해서 본 학위를 수여한다'고 하지 않는다. 명분은 해당 분야에서의 '사회적 공헌이나 업적이 커서 학위를 준다'고 말한다. 그러나 이익을 받은 대가로 명예박사 학위가 수여된다는 점에서 보면, 이 역시 장사에 불과하다.

사교육 시장이
계속 팽창하는 이유

우리나라의 사교육 문제가 심각하다는 데 동의하지 않을 사람은 별로 없다. 천정부지로 오르는 사교육비에 고통받는 가계도 많다. 높은 사교육비 때문에 빚이 늘기도 하고, 맞벌이를 하기도 한다. 우리 국민이 1년에 지급하는 사교육비 총액이 30조 원에 이른다. 사교육비 경감 대책은 대통령 선거 때마다 등장하는 주된 논제다. 다양한 공약과 대책이 발표되어 왔지만, 별 소용이 없었다. 가계 지출에서 사교육비 비중이 줄어든 적이 없고, 계속 커지기만 했다는 것이 그 증거다.

여러 공약과 대책들이 별 소득을 올리지 못하는 이유는 대부분 임시방편이기 때문이다. 정치권이 임시방편으로 일관하는 가장 큰 이유 중 하나는 사교육 시장이 우리 경제에서 차지하는 비중이 너무 커져 버렸기 때문이다. 사교육이 지나치게 팽창하면서 정치권은 딜레마에 빠졌다. 유권자들 다수가 학부모이기 때문에 그들의 표를 얻기 위해서는 사교육 부담을 덜어 줄 필요가 있다. 그러나 진짜로 사교육 부담을 덜어 주려면 사교육 시장을 대폭 축소시켜야 한다.

이는 정치인들에게 적지 않은 부담이다. 사교육 종사자의 수는 학부모의 수보다는 훨씬 적겠지만, 그럼에도 불구하고 단일 서비스 시장으로 사교육만큼 큰 시장이 없기 때문이다. 게다가 사교육 종사자들의 표도 의식하지 않을 수 없다. 무엇보다 사교육 시장을 대폭 축소하거나 금지시킨다면, 당장 수십만 명의 실업자가 생겨날 것이다. 실업률 폭등은 정치인들이 가장 두려워하는 일 가운데 하나다. 그래서 정치권은 임시방편으로 일관하거나, 사교육비를 줄여 주는 듯한 제스처만 취하게 된다.

그러면 왜 이렇게 사교육 시장이 커져 버린 것일까? 그 이유는 학력 인플레이션으로 산업 현장에서 소화되지 못한 고학력자들이 대거 사교육 시장으로 빠져나갔기 때문이다. 이 많은 사람들이 먹고살기 위

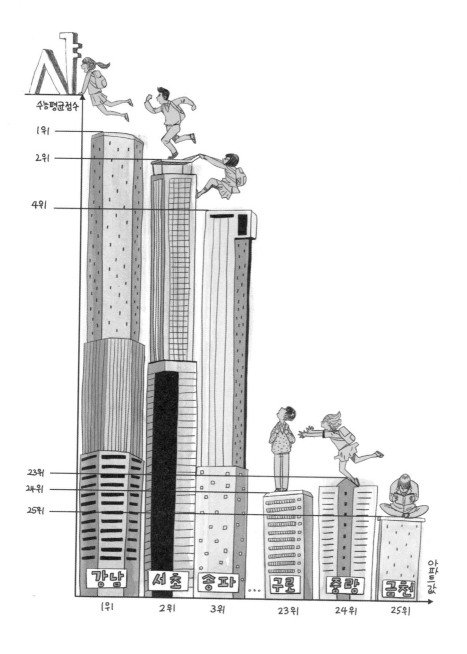

해서는 사교육의 효과를 과대 포장할 수밖에 없다. 학력 경쟁에서 승리하기 위해서는 꼭 사교육을 받아야 한다고 말해야 하고, 사교육을 받지 않으면 경쟁에서 결코 이길 수 없다는 불안감을 부추겨야 하며, 좋은 학벌을 가진 사람들은 모두 사교육을 받은 덕분에 그렇게 되었다고 홍보해야 한다. 그 영향으로 사교육을 받은 사람들은 다시 고학력자가 되고, 그들 중 상당수가 졸업 후 다시 사교육 시장으로 빠진다. 사교육 시장은 이렇게 독자적으로 확대 재생산되는 구조를 갖게 되었다.

부동산 격차가
학벌 격차를 낳는다

1990년대만 하더라도 지금처럼 사교육 시장이 발달한 시대가 아니었다. 그때도 사교육이 있기는 했지만, 사교육을 받는 학생들은 소수였다. 그저 수업 열심히 듣고, 혼자 공부해서 대학에 가는 경우가 더 많았다. 그래서 가난한 학생들도 공부만 열심히 하면 명문대에 들어가는 것이 어느 정도 가능했다. 그러나 지금은 양상이 다르다. 지금은 사교육을 받지 않는 학생들이 드물다. 누가 더 좋은 사교육을 받느냐가 성적 수준을 결정하게 되었다. 사교육비 격차가 학력 격차를 만들어 낸다 해도 과언이 아니다.

실제로 명문대에 진학한 대학생들을 보면, 집이 중산층 이상인 학생들이 많다. 그중에서도 아파트값 비싸기로 유명한 서울 강남 지역 출신 학생들이 가장 많다. 이러한 결과는 무엇을 말하는가? 부동산이 학벌에 큰 영향을 미친다는 사실을 말해 준다. 부동산과 학벌의 상관관계는 통계가 증명한다. 2013~2015년 3년 동안의 통계에 따르면, 서울에서 아파트값 1~3위를 기록한 강남·서초·송파구가 서울대 진학률 역시 1~3위였다. 반면에 아파트값이 가장 낮은 금천·중랑구는 25위, 23위였다. (참고로 서울의 총 자치구 수는 25개다.) 아파트값과 수능 평균 점수를 비교해 봐도 비슷하다. 아파트값 1~3위인 강남·서초·송파구는 각각 수능 평균 점수 1, 2, 4위를 차지한 반면, 아파트값이 23~25위인 구로·중랑·금천구는 각각 24, 23, 25위였다. 아파트값 순위와 수능 성적 순위가 거의 똑같음을 알 수 있다.

우리나라 가계 소득에서 가장 큰 비중을 차지하는 비용은 주거비다. 자기 집이 없어서 월세나 전세를 사는 사람들은 그 비용을 부담하느라 자녀에게 사교육을 시키지 못하거나, 시키더라도 그 비용을 줄일 수밖에 없다. 반면에 땅이나 집을 많이 갖고 있는 사람은 주거비가 들지 않을 뿐 아니라, 그 때문에 오히려 소득이 늘어난다. 해마다 물가보다 집값이 더 많이 오를뿐더러, 세입자에게 월세를 받거나 전세금을 받아 은행에 넣어 놓고 이자를 받기 때문이다. 부동산 부자는 소득이 늘어난 만큼 자식 사교육에 많은 비용을 투자할 수 있다.

정리하면 이렇다. 부동산 재산 격차가 수입 격차를 낳고, 수입 격차는 사교육비 격차를 낳으며, 사교육비 격차는 학력 격차로 이어진다. 잘사는 집 학생들이 명문대에 많이 들어가는 것은 흔히 생각하듯 머리의 문제가 아니다. 앞서 통계가 보여 주듯이 사교육에 의존하는 입시 경쟁 체제에서 명문대에 진학하는 데는 집안의 경제력이 많은 영향을 미친다. 이를 두고 일각에서는 마치 자판기에 돈을 넣으면 상품이 나오듯이, 성적이 돈으로 만들어지고 있다고 말하기도 한다.

우리나라
유학의 역사

오늘날 학벌의 위계는 '외국 유학-수도권 대학-지방 대학' 순으로 이루어져 있다. 최고의 학벌은 외국 학위를 따는 것이다. 외국 유학을 통해 출세하고자 하는 일은 신라 시대 때부터 있었다. 잘 알다시피, 신라에는 '골품제'라는 신분제도가 존재했다. 그래서 성골이나 진골이 아닌 사람들이 출세의 전기를 마련하고자 당(唐)나라로 유학을 가는 일이 많았다. 당나라 유학파의 대표적인 인물로는 최치원이 있다. 그는 6두품이었다.

고려 시대에는 송(宋)나라와 원(元)나라로 유학을 갔다. 그중에는 왕의 명을 받고 유교적 제도와 문물을 배우기 위해 유학 간 경우도 있었다. 조선 전기에는 명(明)나라로 유학을 갔다. 대표적인 인물로는 세종의 명을 받들어 천문·기술을 배우기 위해 12번 유학을 간 장영실이 있다. 조선 후기에는 청(淸)나라로 몰려갔다. 대표적인 사람이 박지원, 박제가, 이덕무 같은 북학파 실학자들이었다. 그들은 정식으로 유학을 간 것은 아니지만, 여행을 통해 청나라에 전래된 서양 문물을 적극적으로 받아들였다. 이처럼 당나라를 중심으로 동아시아 문화권이 성립된 이래 우리나라의 해외 유학지는 항상 중국이었다.

1895년 갑오개혁 이후 우리나라의 해외 유학 행선지는 일본으로 바뀌었다. 당시 일본은 메이지유신을 통해 아시아 최초로 근대화에 성공한 나라였다. 일본의 선진 문물을 배우기 위해 서재필, 유길준, 윤치호, 최남선, 이광수, 홍명희 등 많은 이들이 일본으로 유학을 갔다. 다 그런 것은 아니지만, 일본 유학파들 중 상당수가 국내에 돌아와 친일파가 되었다. 이는 당시 일본의 주요 대학들이 군국주의 이데올로기의 본산이었기 때문이다. 일본 유학파들은 일본 군국주의나 대동아공영권의 논리를 내면화할 가능성이 높았다.

해방 이후 지금까지 우리나라 사람들이 가장 선호하는 유학지는 단연 미국이다. 인구 대비 계산하면 미국 내 한국 유학생은 현재 전 세계 1위다. 이렇게 미국 유학생이 많은 이유는 무엇일까? 미국 학위가 출세에 가장 유리하기 때문이다. 일례로 서울 주요 대학(경희대, 고려대, 서강대, 서울대, 성균관대, 연세대, 이화여대, 중앙대, 한양대) 교수들 중 미국 박사의 비중은 80%가 넘는다. 그 외 정계, 관계, 재계도 미국 유학파들이 장악하고 있다.

이제까지 살펴보았듯이, 우리나라 유학의 역사는 '중국-일본-미국' 순으로 변해 왔다. 이러한 사실은 역사적으로 우리나라가 어느 나라와 정치적·경제적 주종 관계를 맺어 왔는지, 학문적 사대 관계에 있었는지를 알려 준다. 외국의 선진 학문을 배워서 이를 바탕으로 우리 문제를 해결하는 데에 기여한다면, 곧 우리 학문을 한다면 이는 나쁘지 않을 것이다. 그러나 학문의 영역에서 우리는 아직도 주권국가가 아니다. 안타깝게도 유학파들 대부분은 우리 학문을 하는 것이 아니라, 외

국의 학문을 우리나라에 유통시키는 '지식 유통업자' 노릇을 하는 데
그치고 있다.

6·25 전쟁,
우리나라 교육열의 뿌리

우리나라 부모들의 높은 교육열은 세계적으로도 유명하다. 이렇
게 된 이유를 알기 위해서는 우리나라 역사를 돌아봐야 한다. 주지하다
시피 조선은 유교 국가였고, 사람들은 사서삼경을 비롯한 유학을 공부
했다. 그러다 일제강점기가 되면서 기존의 유학은 아무런 쓸모없는 학
문이 되고 말았다. 이때 처음으로 교육열이 폭발했다. 일제는 군국주의
적이지만 실용적인 서양 교육을 실시했고, 그 교육을 잘 받는 것이 생
존과 출세에 유리했다. 유학과는 전혀 다른 새로운 학문을 누가 더 빨
리 습득하느냐 하는 것이 계급·계층을 결정하는 상황, 그것이 교육열
폭발의 이유였다.

그러나 일제강점기 때의 교육열은 초등교육에 국한되어 있었다.
일제의 수탈로 교육에 쓸 돈도 별로 없었고, 배워도 조선인들이 높은
지위에 오르는 데는 한계가 있었기 때문이다. 그리고 해방 후 얼마 지
나지 않아 6·25 전쟁이 터졌다. 전쟁의 결과는 참혹했다. 한반도 전체
를 초토화시키다시피 했다. 전쟁은 국민 전체를 '평등한 가난뱅이'로 만
들어 버렸다. 전쟁으로 양반과 상놈을 따지던 관습도 완전히 사라졌다.
신분제가 철폐된 것은 1894년의 갑오개혁을 통해서였지만, 그 이후에

도 반상(班常)을 따지는 국민 정서는 여전히 남아 있었는데, 그조차 전쟁 때문에 말끔히 사라지고 만 것이다.

　전쟁이 끝난 후, 사람들은 계급적으로나 신분적으로 모두 하향 평준화된 상태에서 새롭게 출발해야 했다. 이때 2차 교육열이 폭발한다. 부와 권력의 거대한 공백 상태. 이를 누가 먼저 차지할지 모르는 상황. 그 속에서 학력이 새로운 신분증 역할을 하기 시작했기 때문이다. '배우면 된다. 그러면 누구나 출세할 수 있다'는 사회적 분위기가 팽배했다. 학력은 권력을 쥘 수 있는 간판과 연줄을 만들어 주었고, 그것만 있으면 쉽게 부를 축적할 수 있었다. 부모들은 아무리 가난해도 어떻게든 자식을 상급 학교, 그것도 '일류 학교'에 보내고 싶어 했다. 이것이 집안을 일으키는 지름길이었기 때문이다.

　일제강점기의 교육열이 초등교육에 국한되었다면, 6·25 전쟁 이후의 교육열은 상급 학교 진학, 즉 학벌 경쟁으로 나타났다. 오늘날 우리가 목도하는 교육열의 방식은 6·25 전쟁 이후에 생겨났다고 볼 수 있다. 더구나 우리나라의 근대화 속도는 전 세계에서 유례를 찾을 수 없을 정도로 빨랐다. 학벌이 가져다주는 이득은 더욱 극대화될 수밖에 없었다. 우리나라의 높은 교육열은 이처럼 학력에 대해 높은 물질적 교환가치를 보장해 준 역사적 경험과 관련이 있다.

대학생들의 학벌 차별 문화

우리는 '학벌 차별' 하면, 흔히 학교 간 서열 격차와 그에 따른 차별을 떠올린다. 그러나 요즘의 학벌 차별은 양상이 좀 다르다. 요즘은 본교생이 분교생을 무시하거나 커트라인이 높은 과 학생이 낮은 과 학생을 무시하는 것은 물론, 심지어 같은 학과 내에서도 차별이 자행된다. 정시 합격생이 수시 합격생을 '수시충', 편입생들을 '편입충'이라 비하하거나 농어촌전형처럼 기회균형선발전형으로 입학한 학생을 '기균충'으로 부르며 홀대한다. 심지어 재수해서 들어온 학생도 무시하고, 명문대의 경우 특목고 출신이 아닌 학생도 소외시킨다.

  서울 지역의 대학생들이 지방대생을 무시하거나 본교생이 분교생을 무시하는 일은 예전에도 있었다. 그러나 같은 학교, 같은 학과 내에서 차별이 행해지는 것은 새로운 현상이다. 결국 같은 졸업장을 받을 학생들이라는 점을 생각하면, 이런 차별은 부질없어 보인다. 대학생들은 대체 왜 이러는 것일까? 어찌 보면 대학생들은 높은 실업률과 비정규직 문제 등 힘겨운 노동환경에 똑같이 시달리는 동병상련의 처지에 놓여 있다. 그런데도 왜 공감하거나 협력하지 않고 서로 무시하고 차별하는 것일까?

사회학자 오찬호는 『우리는 차별에 찬성합니다』에서 이런 문제를 다룬다. 그는 문제의 원인이 대학생들이 '자기 계발의 논리'를 내면화한 데 있다고 본다. 자기 계발의 논리에 따르면, 어떤 사람이 경쟁에서 탈락한 것은 자신을 계발하지 못하고 자신의 몸과 시간을 잘 관리하지 못했기 때문이다. 경쟁에서 뒤처진 사람은 자기 잘못으로 그렇게 된 것이므로 공감의 대상이나 연민의 대상이 아니다. 여기에 이유야 어떻든 간에 나보다 성적이 낮은 (혹은 낮았던) 사람이 같은 대학, 같은 학과 학생으로 똑같이 대접받는 것은 부당하다는 심리가 보태진다. 그래서 편입생이나 농어촌전형 합격생을 깎아내린다.

대학생들이 자기 계발서를 많이 읽고, 자기 계발의 논리를 내면화한 것은 사실이다. 그러나 이는 대학생들만의 잘못이 아니다. 생각해 보면 지금의 대학생들은 한 번도 서열화 경쟁 체제에서 벗어나 본 적이 없다. 어릴 때에는 입시 경쟁에 시달렸고, 대학을 가서는 스펙 쌓기 경쟁에 내몰렸다. 극심한 경쟁 체제, 학력 인플레이션, 경제 불황 속에서 '구별 짓기'는 더욱 미세해질 수밖에 없다. 작은 차이를 따져 나보다 못한 사람을 깔아뭉개는 것만이 나의 자리가 남아 있음을 확인하는 길이고, 나의 불안을 잠재우는 길이 되었다. 슬픈 일이 아닐 수 없다.

우리는 대학생들이 자신이 다니는 학교와 학과가 적힌 점퍼를 입고 다니는 것을 많이 본다. 그 점퍼를 흔히 '과잠'('학과 점퍼'의 준말)이라 한다. 과잠은 학생들의 소속감을 높이기 위한 단체복으로 2000년대 초

중반부터 유행했다. 그런데 이 과잠이 학벌을 드러내고 과시하는 수단
이 되었다는 비판이 있다. 애초부터 과잠은 명문대를 중심으로 퍼져 나
갔다는 것, 지금도 대개는 중위권 이상 대학의 학생들이 과잠을 즐겨
입는다는 것을 감안하면 이러한 비판은 설득력이 있다.

　　물론 중위권 이하의 대학에도 과잠이 있지만, 아무래도 훨씬 덜
입는다. 대학들이 서열화되어 있는 상황에서 과잠을 입음으로써 생기
는 소속감보다 위축감이 더 크기 때문이다. 그래서 어떤 지방대학에서
는 과잠을 디자인할 때, 학교명이 잘 안 보이게 검정 바탕에 검정 글씨
로 새긴 경우도 있다. 심지어 같은 학교의 과잠이라도 모양이 다르다.
이를테면 입학 성적이 낮은 과들은 과잠에 학교 이름만 새겨 넣지만,
커트라인이 높은 공대나 의대의 경우에는 'TECH'나 'MED'를 크게 박
아 넣는다. 과잠이 '서열 패션'이라는 증거다.

대학 순위 평가로 학벌 차별 부추기는 언론

대학이 서열화되어 있다면, 대학들을 그렇게 줄 세우는 주체가 있을 것
이다. 그 주체는 누구일까? 일차적으로는 정부다. 이를 단적으로 보여
주는 것이 정부가 각 대학에 차등 지급하는 국고보조금이다. 국고보조
금은 주로 명문대에 집중된다. 정부만 줄 세우기를 할까? 아니다. 언론
도 한다. 대표적인 사례가 일부 언론에서 실시하고 있는 '대학 순위 평

가'다. 언론에서 대학에 순위를 매겨 이를 공표하는 이유는 무엇일까? 대외적인 명분은 이렇다. '학생과 학부모의 알 권리를 충족시키고, 대학 간 선의의 경쟁을 유도해 교육의 발전을 추구한다.'

그러나 언론의 대학 순위 평가는 이것이 진짜 의도냐, 아니냐를 떠나 학벌주의를 부추긴다는 비판을 듣기 좋다. 대학 순위 평가에서는 학생들의 진정한 성장, 즉 얼마나 지적이고 도덕적인 사람으로 성장하고 있는지를 평가하지 않는다. 이는 수치화하기가 힘들기 때문이다. 결국 대학 순위 평가는 학교의 재정 상태, 취업률, 교수 확보율 등 가시적 수치들을 중시할 수밖에 없는데, 이는 정부가 차등 지원한 결과이기도 하다. 이를 기준으로 대학을 평가하고 순위를 매기는 일은 차별받은 것을 근거로 다시 낙인을 찍는다는 점에서 이중 차별이나 마찬가지다.

언론이 대학 순위 평가를 하는 가장 큰 이유는 돈이 되기 때문이다. 우선 대학들에 순위를 매기는 기관을 자처하는 것 자체가 언론의 권력을 증대시킨다. 대학 순위를 발표하면, 학부모들과 학생들은 학벌 경쟁에 참조하기 위해 신문을 보지 않을 수 없다. 이 과정에서 언론사의 대중적 영향력은 더욱 커진다. 이와 더불어 대학에 대한 영향력도 커져 간다. 특정 대학이 '작년보다 몇 단계 순위가 하락했'든가, '○○ 대학에 뒤졌다'는 식의 보도가 나오면 해당 대학은 적지 않은 타격을 입게 된다. 대학은 언론의 평가 기준에 맞춰 교수와 학생, 대학 시설을 관리하게 된다. 이러한 발표는 언론이 자기 입맛에 맞게 대학 운영의 방향을 제시하고 간섭하는 꼴이다.

대학 순위 평가는 언론의 광고 수익과도 밀접한 관련이 있다. 언론사들의 대학 순위 발표는 모두 8~10월 대학 수시 모집과 정시 모집을 앞둔 때에 이루어진다. 이 시기는 대학들의 집중적인 홍보가 이루어지는 때이기도 하다. 여기에 대해 대학교육연구소는 이런 논평을 낸 바 있다. "대학 광고를 유치하기 위한 언론사들의 압력은 이미 언론 보도 등을 통해 수차례 알려졌다. 그렇지 않아도 대학들은 거대 언론들 앞에 움츠러들게 마련인데, 평가까지 한다는 마당에 '광고를 달라'는 요구를 거부할 수 있는 데가 얼마나 될까?" 실제로 평가 결과가 나오는 때를 전후하여 해당 언론사에는 대학들의 광고가 쏟아진다. 우연은 아닐 것이다.

미국 유학파에 대한 따끔한 일침

김종영의 『지배받는 지배자』

앞서 말했듯이 현재 우리나라에서 최고로 쳐주는 학벌은 '미국 대학의 학위'
다. 이 책은 미국 유학파들의 패권을 분석한 책이다. 책 제목인 '지배받는 지
배자'는 본래 프랑스 사회학자 피에르 부르디외^{Pierre Bourdieu}가 지식인을 가
리켜 사용한 용어다. 지식인은 사회적으로 지배자이지만, 자본가의 지배를
받는 지배자라는 뜻이다. 이 책에서는 미국의 지배를 받으면서, 동시에 한국
을 지배하는 미국 유학파들의 지위를 설명하는 용어로 쓰였다고 볼 수 있다.
사회학자인 김종영은 '트랜스내셔널 미들맨'이라는 말로 미국 유학파를 설
명한다. '트랜스내셔널 미들맨'은 우리말로 하면 '초국가적 중간자'라는 뜻이
다. 미국이 가진 세계적 패권에 편승해 우리 사회에서 큰 권력을 행사한다는
점에서 '중간자'이기도 하고, 미국에서 생산된 지식을 받아들여 한국의 지식
인들에게 파는 것을 주된 생존 전략으로 삼는다는 점에서도 그렇다. 한마디

로 '중간에 낀 계층' 혹은 '중간 보스' 정도로 이해하면 되겠다.

미국 유학은 보통 '엄친아'들이 간다. 그러나 이 엄친아들은 유학 생활을 시작하자마자 언어 장벽에 부딪히면서 열등생으로 급전직하한다. 학위 과정을 마친 유학생들에게는 미국에 남거나, 한국에 돌아오거나 하는 두 가지 선택의 길이 있다. 미국에 남는 사람들은 대개 미국의 합리적인 시스템이 좋아서 그런 경우가 많다. 그러나 문화·언어·인종 등의 문제 때문에 주류에 편입될 가능성은 적다. 그래서 많은 사람들이 한국으로 돌아오는데, 그러면 상황은 일변한다. 미국 유학을 다녀왔다는 사실만으로 한국에서 리더 계급으로 격상하게 되는 것이다. 자신이 가진 실력과 상관없이 그렇다. 미국 유학파의 영어 실력이나 동문들과의 인맥은 미국에서는 불완전한 문화 자본이지만 한국에서는 높은 가치를 지닌다.

저자가 보는 미국 유학파는 그리 긍정적이지 않다. 저자는 이렇게 미국 유학파들을 비판한다. 미국 유학파는 유학으로 인해 우리 사회에서 얻은 기득권 때문에 미국의 글로벌 패권에 저항하지 않을 뿐 아니라, 그와 공모한다. 그들은 미국에 대한 우리 사회의 문화적·학문적 종속성을 심화시킨다. 미국에는 개방적이고 자유로운 학풍이 있고, 그들은 그 영향을 받았다. 그러나 정작 한국에 들어와서는 폐쇄적이고 배타적인 집단을 형성해 자신들의 권력을 증대시키는 데 몰두한다. 우리나라는 미국 유학파들이 지배하는 나라라 해도 과언이 아니다. 그런 점에서 김종영의 비판은 새겨들을 만하다.

50층에서 추락하는 남자 얘기 들어 봤어?

밑으로 떨어지는 동안 그는 계속 중얼거리지.

아직까진 괜찮아

아직까진 괜찮아

··· 아직까진 괜찮아

— 마티유 카소비츠 감독의 영화 〈증오〉에서

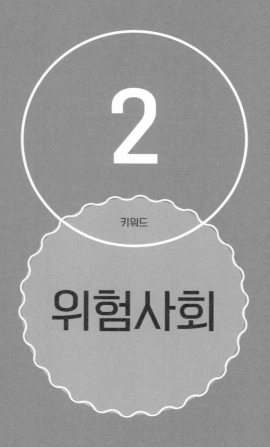

2

키워드

위험사회

증가하는 재앙,
우리의 책임은 무엇인가

궁금한 이야기 하나

?

환경 전염병의 탄생

: 에코데믹 :

1969년 미국 공중위생국장인 윌리엄 스튜어트^{William H. Stewart}는 '전염병의 시대는 갔다'고 선포했다. 의료 기술과 위생 관념이 발달함에 따라 전염병이 퇴치되었다고 본 것이다. 그러나 그 선포는 섣불렀다. 1973년 이후 지금까지 사스, 구제역, 조류독감, 광우병, 에이즈, 신종 인플루엔자 등 40여 종의 새로운 전염병이 발견되었고, 그 발생 빈도도 잦아지고 있기 때문이다. 과학자나 의학자들 중에는 14세기에 유럽 인구의 3분의 1을 죽음으로 몰고 간 페스트와 같은 대재앙을 경고하는 사람들도 있다. 왜 이렇게 전염병이 창궐하는 것일까?

우선 축산 시스템의 문제가 있다. 엄청나게 많은 수의 돼지, 닭, 소 같은 동물을 한곳에 몰아넣고 키우는 것을 본 적이 있는지 모르겠다. 요즈음은 대부분 이런 식으로 축산을 한다. 이를 '공장식 축산'이라 한다. 공장에서 물건

038

을 생산해 내듯이 돼지, 닭, 소들을 키워 낸다는 뜻이다. 공장식 축산은 기본적으로 밀집 사육이다. 동물들을 움직이지 못하게 좁은 곳에 가두어 키운다. 그래야 비만이 되어, 고기가 많이 생산되기 때문이다. 심지어 동물들에게 주는 먹이도, 본래 먹었던 채소와 풀이 아니다. 살이 빨리 찔 수 있도록 인위적으로 만든 사료를 먹인다.

같은 종의 동물들이 한곳에 밀집해 있으면 그 자체로 전염병의 발병과 확산이 수월한 조건이 된다. 이유는 이렇다. 첫째, 바이러스 돌연변이가 발생 가능성을 증가시킨다. 둘째, 동물들에게 스트레스를 유발시켜 면역 체계를 약화시킨다. 셋째, 햇볕과 신선한 공기가 차단된 사육 공간은 자외선의 살균 효과를 떨어뜨린다. 넷째, 분뇨 더미에서 발생하는 암모니아 가스는 가축의 호흡기를 손상시켜 감염에 취약하게 만든다. 다섯째, 단기간의 체중 증가를 목표로 먹이는, 채소나 풀이 아닌 인공 사료 역시 면역력을 떨어뜨린다.

'과밀'과 더불어 전염병이 창궐하기 좋은 또 다른 조건은 '이동'이다. 오늘날 우리는 세계화된 지구촌에서 살아가고 있다. 세계화된 세상에서는 사람과 물자의 이동이 활발하다. 외국 여행이나 국제 교역은 경제적 이윤만 남기는 것이 아니다. 사람과 물건이 이리저리 이동하는 동안 병원체들도 전파와 상호 유전자 교환의 기회를 갖게 된다. 조류독감, 사스, 광우병, 에이즈 등 사람과 동물이 함께 걸리는 '인수 공통(人獸共通) 전염병'이 증가하는 것도 이 때문이다. 활발한 경제 교류와 세계화는 전염병 유행과 변이 바이러스 출현의 중요한 원인이 된다.

미국의 수의학자이자 언론학 교수인 마크 제롬 월터스^{Mark Jerome Walters}는 오늘날 유행하는 전염병을 일컫는 신조어를 만들어 냈다. 바로 '에코데믹(eco-demic)'이다. 환경과 생태를 뜻하는 '에코(eco)'에 전염병을 뜻하는 영어 '에피데믹(epidemic)'을 합성한 말이다. 신종 전염병들이 자연적으로 생겨난 것이 아니라, 인위적인 자연 파괴로 인한 '생태병' 혹은 '환경 전염병'이라는 의미다.

새로운 전염병의 창궐은 인위적인 환경 변화에 미생물들이 적응해 가는 과정에서 생겨난 것이다. 인간에 의해 만들어진 인위적인 질병이라는 말이다. 인수 공통 전염병도 그렇다. 원래 미생물은 자신이 숙주로 삼는 종 외에 다른 종을 감염시키는 경우가 드물다. 이는 처녀지의 벌목과 개발, 생물 다양성의 파괴, 먹이사슬의 교란, 사육동물의 증가와 같은 인위적 조치의 결과다. 그런 조치를 하는 동안 인간이 동물 병원체와 접촉할 기회가 많아지고, 그것이 인수 공통 전염병을 낳는다.

재난으로 이득을 취하는 사람들

: 재난 자본주의 :

우리는 텔레비전을 통해 대통령 취임식이나 국가 경축 행사를 지켜볼 때가 있다. 그럴 때 국가 지도자가 자주 하는 말은 과거 여러 난관과 재앙을 전 국민과 정치 지도자가 하나가 되어 슬기롭게 극복해 왔다는 것이다. 일종의 자화자찬인 그 말에는 국가가 국민을 잘 보호해 왔다는 의미도 포함되어 있다. 전쟁이나 천재지변, 경제 위기, 대형 참사 같은 재난이 발생하면, 당연히 국가는 국민을 보호하고 구조해야 하는 것이 맞다. 그런데 정치권력이 오히려 재난이나 재앙으로 사람들이 정신없는 틈을 이용해 자기 이득을 취하려 한다면? 황당할 것이다. 그러나 이런 일은 실제로 자주 일어난다.

'재난 자본주의'는 캐나다 출신의 저널리스트 나오미 클라인^{Naomi Klein}이 『쇼크 독트린』에서 처음 쓴 말이다. 이 말은 자본주의가 재난을 바탕으로 성장했다는 개념이다. 거대한 재난이 발생하면, 대중은 우선 놀라고 당황한다.

그런 상태가 되면 사람들은 이성을 잃고 무엇을 어떻게 해야 할지 몰라 갈 팡질팡하게 된다. 그러면서 한편으로는 어떤 사회적 변화를 갈망하는 상태 가 된다. 모든 재난에는 인위적인 결함들이 어느 정도 결합되어 있게 마련 이고, 그 결함들이 개선되기를 사람들은 바란다.

그런데 놀라고 당황하며, 어떤 변화가 있었으면 하는 갈망은 있지만, 그러 면서도 어떤 방향으로 변화하면 좋겠는지를 잘 모르는 대중의 상태. 이는 권력자들에게 절호의 기회가 된다. 권력자들이 앞으로 이런 재난이 발생하 지 않도록 제대로 된 대안과 해결책을 찾으려면, 시간을 들여 근본적인 시 스템을 점검하고 광범위한 사회적 논의를 거쳐야 한다. 그러나 대개는 그렇 게 하지 않는다. 권력은 재난을 역이용해 예전부터 추구하고자 했던 정책이 나 사회구조의 변화를 속전속결로 처리해 나간다. 말로는 이런 정책을, 이 런 변화를 추구하는 것이 재난 해결에 도움을 준다고 한다. 그러나 실은 자 신의 권력 유지나 확대에 이롭기 때문에 그렇게 한다.

대중은 정부의 조치로 일단 뭔가 변했으므로 효과를 기대하며 관망하게 된 다. 그러나 시간이 지나면서 변한 것은 없고, 오히려 상황이 악화되었다는 사실을 깨닫게 된다. 재난은 다시 발생하고, 그러면 기득권 세력은 다시 재 난을 기회 삼아 자기 이익을 강화해 나간다. 이러한 과정이 반복된다. 거대 한 재난이 발생할 때마다 정부나 기업은 근본적인 대책을 마련한다고 분주 하다. 그럼에도 불구하고 재난이 점점 증가하는 이유가 여기에 있다.

물이 이윤의 수단이 되어도 괜찮을까?
: 물로 인한 재앙

　어떤 사람이 공기가 내 것이라 주장하면서, 공기를 나에게 사라고 한다면 어떨까? 말도 안 된다고 생각할 것이다. 그러면 물은? 공기나 물이나 공공재인 것은 똑같다. 그런데도 물은 기업에 의해 사유화되어 이미 팔리고 있다. 생수가 그렇다. 혹자는 돈과 인력을 들여 지하수를 '개발'하고 '생산'했으니 팔아도 된다고 생각할지 모르겠다. 그러나 지하수는 채굴되는 것이지, 개발되거나 생산되는 것이 아니다. 게다가 물은 끊임없이 생겨나는 것도 아니다. 어떤 지역에 생수 공장이 들어서면 어김없이 인근 지역 지하수가 고갈된다. 그 물은 본래 지역민들이 공동으로 사용하고 관리했던 것이다. 그 물은 주변 동식물의 생명수이기도 하다. 그런 점을 생각하면, 기업의 생수 산업은 '공공자원 약탈'에 가깝다.

　우리는 늘 생수를 믿고 사서 마시지만, 생수는 생각만큼 안전하지 않다. 우선 생수가 페트병에 담겨 보관되고 운반되는 과정에서 세균이 생길 수 있다. 실제로 2011년 〈불만제로〉라는 TV 프로그램에서는 시중에 유통 중인 생수 46개 제품 중 절반이 넘는 28개에서 일반 세균이 검출된 결과를 방영한 적이 있다. 정수기와 대용량 생수통도 안전하지 않기는 마찬가지다. 관리가 여간 철저하지 않으면 유해 세균, 녹조, 페트병에서 나오는 환경호르몬으로부터 자유롭지 않다. 다른 위험들도 있다. 지하수 자원을 무분별하게 퍼내면 땅속에 공백이 생겨 지반침하가 발생할 위험이 있다.

세계 인구의 3분의 1이 물 부족에 시달리고 있다는 말을 들어 본 적이 있는지 모르겠다. 실제로 물 때문에 지역 간, 국가 간 분쟁이 심화될 것이라는 전망이 많다. 지구에서 가장 흔한 것이 물 같은데, 왜 물이 부족하다고 하는 것일까? 지구 표면의 약 71%가 물로 덮여 있을 정도로, 지구상에 물이 많은 것은 맞다. 그러나 지상의 모든 유수(流水)는 약 3%를 제외하고 대부분 바다로 돌아간다. 바닷물은 아무리 많아도 인간이 마시거나 농업용수로 쓸 수 없다. 특히 우리가 마실 수 있는 식수는 전체 물의 0.5%에도 미치지 못한다는 의견이 있다. 생각보다 물은 귀하다.

이대로 가면 물 부족으로 인한 재앙은 피하기 힘들어질 것이다. 물 부족의 원인에는 인구 급증, 산업 발전, 도시 성장에 따른 수자원 오염, 그리고 지구온난화에 따른 담수 증발, 가뭄과 홍수, 해수면 상승 등이 있다. 그중에서도 해수면 상승이 특히 위험하다. 바닷물이 육지로 밀려들어 오면, 지하수 역시 짠물과 섞여 먹을 수 없기 때문이다.

세상에 물만큼 중요한 것은 없다. 우리 몸의 70%가 물인 데서 보듯, 물은 생명 그 자체다. 그런 물이 훼손되고 사유화되어 이윤의 수단으로 전락하는 것은 매우 위험한 일이다.

인간의 지각 범위를 벗어난
현대사회의 위험

2011년 3월 11일 일본 후쿠시마에서 원전 폭발 사고가 발생했다. 사고 당시 우리나라 사람들은 외출을 삼가고, 마스크를 쓰고, 외출 후에는 입었던 옷을 빨고, 방사능에 오염된 식품을 먹게 되지 않을까 노심초사했다. 그러나 지금은 어떤가. 간혹 신문에서 여전히 후쿠시마에서 방사능이 조금씩 유출되고 있다는 소식이 전해지기는 하지만 사람들은 크게 신경 쓰지 않는다.

왜 그럴까? 일상화된 위험은 위험이 아니기 때문이다. 그도 그럴 것이 몇 시간 혹은 며칠간, 일시적으로 바짝 긴장하고 살 수는 있지만 5년 혹은 10년 내내 비상사태로 살 수는 없다. 실제로 위험하지 않다는 말이 아니다. 위험 상황이 지속되면 그 상황에 둔감해지고 무감각해질 뿐 아니라, 나중에는 그 상황이 정상적인 상태로 여겨지게 된다. 후쿠시마 원전 폭발이 그랬다.

주지하다시피, 후쿠시마 원전 사고는 대지진에서 비롯되었다. 자연적 재앙으로 시작된 것이다. 그러나 이는 간접적인 원인이었다. 대지진과 그로 인한 해일의 위력은 강력했지만, 원전을 파괴하거나 붕괴시키진 못했다. 그렇다면 직접적인 원인은 무엇일까? 바로 정전이었다. 해일의 피해로 원전 전체의 전기가 끊겼고, 그로 인해 냉각 펌프들이 작동을 멈춘 것이 결정적 원인이었다. 펌프가 멈추자 연료가 녹으면서 온도가 올라갔고, 연료봉에 수증기가 부딪히면서 수소를 만들어 냈다.

그러면서 수소 폭발이 일어난 것이다.

후쿠시마 원전이 폭발한 과정을 보면, 우리는 원전 폭발이 심각한 역설에서 비롯되었음을 알 수 있다. 끊임없이 달아오르는 원자로를 식히기 위해서는 냉각수가 필요하다. 그런데 냉각수를 퍼 올리는 펌프가 돌아가기 위해서는 다시 원전이 생산하는 전기가 필요하다. 전기가 냉각수를 퍼 올리고, 원전은 그에 필요한 전기를 생산해 공급한다. 이 순환이 멈추면 거대한 재앙이 발생한다. 후쿠시마 원전 폭발이 그랬다. 후쿠시마 원전이 정상적으로 가동되기 위해서는 전기가 필요한데, 그 전기는 후쿠시마 원전 자신이 만들어 낸다. 이러한 역설이 의미하는 바는 무엇일까. 전기와 과학기술로 상징되는 현대 문명은 매우 강고하고 화려해 보이지만, 실은 사소한 연결 고리 하나만 끊어져도 언제라도 전체가 붕괴될 수 있음을 보여 주는 것이 아닐까.

20세기 초까지만 하더라도 위험은 눈에 보이는 것이었다. 그러나 지금의 위험은 눈에 보이지 않는다. 인간의 평상적인 지각 범위를 완전히 벗어난다. 후쿠시마 원전 사고는 이미 수만 명의 사상자를 냈다. 그러나 이걸로 끝이 아니다. 앞으로도 계속 직간접적인 피해를 양산할 것이다.

원전 사고의 영향은 상상을 초월한다. 예를 들어 핵분열 시 생성되는 '넵투늄-237'은 방사능 반감기가 무려 214.4만 년이고, '아이오딘-129'는 1570만 년이다. 인간은 기껏해야 100년도 못 산다. 그런 우리가 일시적인 편의를 위해 지질학적 연대를 초월하는 파괴성을 담보로 삼는 일은 비윤리적이라 할 수 있다.

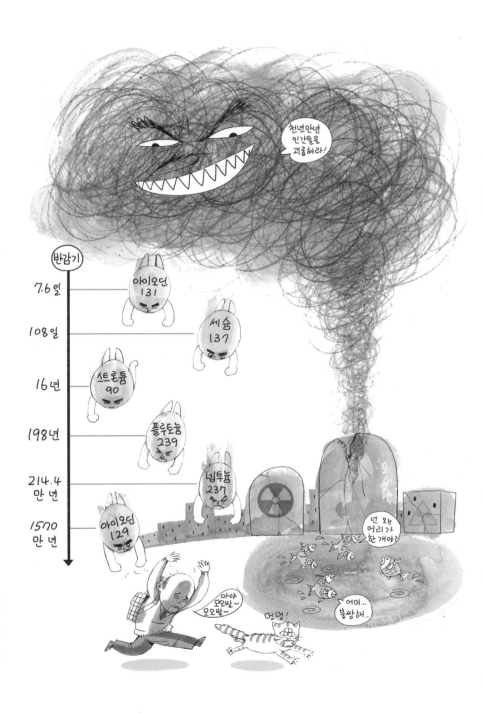

거대과학기술 체계가
위험한 이유

우리가 '과학기술의 발전'을 얘기할 때, 이는 일반적으로 거대과학기술 체계의 발전을 의미한다. 세계적 통신망인 인터넷, 막대한 인력과 비용이 투자되는 우주 항공 기술, 철저한 관리와 통제가 이루어져야 하는 원전 같은 것들이다. 현대 국가들은 경제 발전과 더불어 과학기술의 발전을 국력의 기준으로 삼는다. 그러므로 국가적 차원에서 과학기술 분야에 지원을 한다. 그런데 국가가 지원하는 과학기술은 대부분 거대 기술이다. 규모가 작은 기술을 지원하는 경우는 드물다.

정부가 거대과학기술을 선호하는 데는 이유가 있다. 거대과학기술은 기득권 세력의 권력을 강화시켜 주기 때문이다. 원전을 예로 들어 보자. 원전은 단순한 전기 생산 시설이 아니라, 핵폭탄 제조에 필요한 플루토늄을 제공한다. 원전을 갖는다는 것은 언제든 마음만 먹으면 핵폭탄을 만들 수 있음을 의미한다. 군사적으로 중요할 수밖에 없다. 원전은 자본 권력에도 좋다. 원전 같은 대형 건설 프로젝트는 굴지의 대기업 건설업체들이 맡아 한다. 이런 대형 건설 프로젝트는 큰 이윤을 보장해 준다. 원전 건설의 노하우는 원전 수출의 바탕이 되기도 한다. 현재 우리나라가 그렇다. 우리나라에서 원전을 지어 본 건설업체들은 그 노하우를 갖고 기술력이 부족한 나라에 원전을 지어 주고 돈을 번다.

혹자는 이렇게 물을 수 있다. 아무리 그래도 원전은 방사능 오염의 위험이 있지 않느냐고. 기업의 입장에서는 심지어 방사능 오염도 나쁘지 않다. 왜냐하면 오염 제거 사업 역시 수천억이 투입되는 건설 사업이기 때문이다. 국토가 방사능에 오염된다면 국민에게는 당연히 큰 재앙이 아닐 수 없다. 그러나 그 오염을 제거하는 일은 기업의 입장에서 큰돈을 벌 수 있는 절호의 기회다.

작고 단순한 기술 체계는 통제하거나 조작하기 쉽다. 일이 잘못된다 해도 쉽게 고칠 수 있고, 그로 인한 피해도 적다. 그러나 원전 같은 거대과학기술 체계는 그 규모 때문에 통제하기가 쉽지 않다. 전문가들 중에는 원전에서 대형 사고가 발생할 원인이 1,000가지쯤 된다고 보는 사람도 있을 정도다. 복잡한 구조 때문에 어디서 어떤 경로로 사고가 날지 모른다. 원전은 굉장히 많은 부품이 들어 있는 거대한 기계이고, 이를 위해 일하는 사람도 무척 많다. 그중 어떤 부품이 고장 날지, 어떤 사람이 실수할지는 아무도 알 수 없다.

거대과학기술의 세계는 전문가의 세계다. 가령 원전은 핵물리학자, 지질학자, 원자핵공학자, 토목공학자, 컴퓨터공학자 등을 필요로 한다. 우주개발도 마찬가지다. 여러 첨단 과학에 종사하는 최고의 엘리트들이 동원된다. 그러나 그런 사람들이 모여 있다고 해서 거대과학기술 체계가 과연 안전할까? 그렇지 않다. 거대과학기술 체계는 전문가들이 모여 있다는 바로 그 이유 때문에 오히려 위험할 수 있다. 왜 그럴까?

전문가들은 대체로 자신의 분야에 대해서만 잘 안다. 자기 분야를 조금만 벗어나도 일자무식인 경우가 많다. 거대과학기술 체계가 안전하게 운영되기 위해서는 원활한 의사소통이 기본이다. 그러나 자기 분야만 아는 전문가들은 서로 의사소통하기가 쉽지 않다. 전체를 통제하는 일도 그렇다. 워낙에 전문적인 분야들만 모여 있다 보니, 그 모든 분야를 꿰고 있는 사람을 찾기가 힘들다. 그래서 전체를 관리하는 사람은 정치 관료가 되는 경우가 많다. 과연 그가 제대로 관리할 수 있을까? 생각해 보면 그는 전체뿐 아니라 구체적인 각 분야에 대해서도 문외한이다. 따라서 거대과학기술 체계는 종종 어이없는 결함을 노출시키고, 이것이 연쇄반응을 일으켜 대재앙이 되곤 한다.

물론 원전을 철저하게 관리하면 된다고 말할 수도 있다. 실제로 정부와 원자력 관련 부처는 그렇게 하고 있다고 말한다. 그러나 모든 인간은 실수를 한다. 실수를 하니까 인간이다. 그런데 거대과학기술 체계에서는 단 한 번의 실수나 판단 오류를 용납하지 않는다. 한 번의 실수나 판단 오류는 돌이킬 수 없는 파국을 불러올 수 있다. 독일 출신의 경제학자 에른스트 F. 슈마허^{Ernst F. Schumacher}는 『작은 것이 아름답다』에서 "인간은 작다. 그러므로 작은 것이 좋은 것이다."라고 썼다. 그는 이런 말도 했다. "대량생산의 기술은 본질적으로 폭력적이어서 생태계를 파괴하고 자원을 낭비하며 인간성을 침식한다." 우리는 그의 말을 잘 되새겨 봐야 한다.

책상에 앉아서도
테러가 가능한 시대

본래 테러는 살인, 납치, 약탈 등 직접 물리적 폭력을 행사하는 것을 뜻했다. 그러나 이제는 멀리 떨어져 있는 곳에서 손에 피 한 방울 묻히지 않고도 특정 단체나 국가에 큰 타격을 안겨 주는 것이 가능해졌다. '사이버 테러'가 그렇다. 현대사회에서는 정부 기관과 기업은 물론 개인의 활동도 대부분 인터넷과 전산망으로 이루어진다. 이런 상황에서 해킹 실력이 뛰어난 개인이나 집단이 국가의 기간산업 및 행정 시스템, 국방 관련 시스템, 금융 시스템, 항공기 운항 시스템, 교통 통제 시스템에 침입해 이를 교란시킨다면, 공격을 당한 기관이나 국가는 치명상을 입게 된다.

사이버 테러의 위험성을 보여 준 대표적인 예는 2010년 이란에서 발생한 사건이었다. 당시 '스턱스넷'이라는 악성 프로그램 하나가 이란 핵 발전소 시스템에 침입하여 원심분리기 1,000여 대를 파괴하고, 원전의 가동을 수개월간 중단시켰다. 이 사건에서 우리가 주목해야 할 점은 '이란 원전이 외부와 독립된 시스템으로 운영되었다'는 사실이다. 이란의 핵 발전소는 독립적인 시스템이었기 때문에 외부에서 인터넷을 통한 해킹이 불가능했다. 그럼에도 사이버 테러를 당했다. 어떻게 된 것일까? 방법은 사람을 통하는 것이었다. 핵 발전소에서 일하는 직원 한 명이 별 의심 없이 자신이 갖고 있던 보조기억장치(USB)를 컴퓨터에 꽂자, 이를 통해 악성 코드가 침투했던 것이다. 이 사소한 실수가 엄청난 재앙을 낳았다. 이 사건은 아무리 독립적인 전산망이라 하더라도 사이버 테러로부터 안전하지 않음을 보여 주었다.

우리나라에서도 사이버 테러가 일어난 적이 있었다. 2013년 3월 20일, KBS·MBC·YTN 등의 방송국과 농협·신한은행 등 금융권의 전산망이 해킹에 의해 한꺼번에 마비된 것이다. 이로 인해 시민들은 공포에 떨어야 했다. 금융거래가 돌연 중단되어 발생하는 문제도 있었지만, 무엇보다 은행에 맡겨 놓은 내 돈이 사라지지는 않았는지, 내 금융 정보가 함께 빠져나간 것은 아닌지 불안할 수밖에 없었다. 은행들도 내심 불안하기는 마찬가지였을 것이다. 만에 하나 금융기관에 대한 신뢰가 추락해 고객들이 일시에 맡겨 놓은 돈을 찾아가는 '뱅크 런(bank run)'이 발생하면 회사가 파산할 수도 있기 때문이다.

우리나라는 사이버 테러가 매우 용이한 곳이다. 정부의 방조 속에 인터넷 환경이 매우 획일적이 되었기 때문이다. 사고 당시 우리나라의 공공기관과 금융권에서 쓰는 운영체제와 웹 브라우저, 보안 프로그램은 'MS윈도-인터넷 익스플로러-액티브X'로 똑같았다. 공인 인증서 처리를 위해 사용되는 보안 프로그램도 '제큐어웹'으로 모두 같았다. 재앙은 어이없게도 해킹을 막아야 할 '제큐어웹'이 오히려 해킹을 당했고, 그것이 악성 코드의 숙주 노릇을 하며 퍼져 나가면서 발생했다.

인터넷 환경에서 다양성은 무엇보다 중요하다. 획일적인 환경에서는 어느 한 곳만 사이버 공격으로 뚫려도 그 여파가 일파만파로 확장될 수 있다.

우리 몸을 오염시키는 식품첨가물

당연한 말이지만 자본주의 사회에서는 음식도 상품이다. 상품은 무엇보다 먹음직스러운 맛과 향, 색깔과 모양이 중요하다. 또한 오랫동안 상하지 않아야 한다. 그래야 오래 팔 수 있다. 이 모든 과제를 일거에 해결해 주는 것이 보존료, 살균제, 산화 방지제, 발색제, 표백제, 조미료, 감미료, 향료, 팽창제, 강화제, 유화제, 거품 억제제 같은 식품첨가물이다. 요즘에는 먹거리들이 바다 건너 먼 외국에서 들어온다. 농산물 등 식재료가 생산지에서 소비자의 식탁에 오르기까지의 이동거리를 '푸드 마일(food miles)'이라 한다. 요즘은 이 푸드 마일이 너무 길다. 푸드 마일이 길면 상하지 않도록 하기 위해 재료나 음식에 식품첨가물을 더욱 많이 넣을 수밖에 없다.

　지금은 식품첨가물의 대량 소비 시대다. 사람들은 자신도 모르는 사이에 엄청난 양의 식품첨가물을 먹는다. 우리나라 사람들이 1년 동안 섭취하는 식품첨가물의 양은 약 24.7킬로그램이다(2009년 기준). 사람의 수명을 80년으로 잡을 경우, 평생 섭취하는 식품첨가물의 양은 2톤에 이른다. 어마어마한 양이다.

사람이 이렇게 많은 식품첨가물을 먹어도 괜찮은 것일까? 식품첨가물 중에는 자연계에 존재하지 않는 화학 합성 물질도 많다. 이런 물질은 체내에서 암, 알레르기, 당뇨, 치매, 심혈관계 질환 등 여러 질병을 유발할 가능성이 높다.

현재 우리나라에서는 420가지 식품첨가물의 사용이 허용되고 있는데, 이 중에는 상대적으로 안전하다고 알려진 것들도 있다. 그러나 하나의 첨가물이 그리 위험하지 않다 하더라도, 이것이 다른 첨가물과 결합되면 위험이 배가되는 경우가 많다. 이를 '복합 작용'이라 한다. 게다가 식품첨가물의 20~50%는 호흡기나 배설기관을 통해 배출되지 않고 몸속에 축적된다. 한 번 먹는 식품첨가물의 양이 미미하다 하더라도, 그것이 오랜 시간 몸속에 쌓이면 결국 몸이 오염된다. 더 큰 문제도 있다. 식품첨가물의 위해성은 한 세대에 그치지 않는다는 점이다. 엄마가 먹은 식품첨가물은 엄마의 몸만 망가뜨리는 것이 아니다. 이는 모유를 통해 아기에게 전달되어 2차 피해를 입힌다.

식품첨가물에는 합성첨가물과 천연첨가물이 있다. 명칭 때문에 흔히 천연첨가물은 안전할 거라 생각하는 사람들이 많다. 그러나 '천연첨가물'이라는 명칭은 다소 기만적이다. 천연첨가물은 천연 상태 그대로의 첨가물을 말하는 게 아니기 때문이다. 대부분의 천연첨가물은 천연 재료에서 성분을 뽑아냈을 뿐 화학적 합성 과정을 거친다. 그래서 일본에서는 '천연첨가물'이라는 말 대신 '천연향료 기원 물질'이라는 말을 쓴다. 천연첨가물 중에는 사람이 먹어서는 안 될 곤충, 식물, 미생물을 원료로 한 것들도 있다. 결론적으로 말하면, 천연첨가물이라 해서 안전하다는 보장은 없다.

생태계를 교란하는 유전자조작 식품

누군가 콩에 개구리 유전자를 섞고, 옥수수에 뱀과 원숭이 유전자를 섞고, 토마토에 넙치 유전자를 섞어 새로운 생명체를 만든다면? 무척 황당할 것이다. 그러나 이런 일 역시 실제로 일어나고 있다. 유전자조작 식품(GMO)들이 그렇다. 그 전에도 동종 혹은 이종 간 교배를 통한 동식물의 품종개량은 있었다. 예를 들어 말과 당나귀를 교배해 노새가 태어나게 하는 것처럼 말이다. 그러나 유전자조작은 또 다른 차원의 문제다. 토마토에 넙치 세포가 이식되는 일은 자연에서 결코 일어나지 않기 때문이다. 그렇게 만들어진 토마토는 자연계에 있을 수 없는, 완전히 새로운 생명체다.

유전자조작 식품은 주로 카길이나 몬산토, 듀폰 같은 초국적 농식품 복합체가 만든다. 유전자조작 식품을 만드는 이유는 막대한 이윤 때문이다. 예를 들어 넙치의 유전자를 섞은 토마토는 시간이 지나도 잘 무르지 않아 오랫동안 팔 수 있다. 이렇듯 이들 회사는 가뭄, 추위, 해충, 제초제 등에 매우 강한 유전자조작 농산물을 만들어 낸다. 그러고는 큰 힘 들이지 않고 농사를 지어, 많은 양을 수확할 수 있는 새로운 품종이라고 홍보한다. 많은 농부들은 이러한 꼬임에 넘어가 유전자조작 농산물을 기르기 시작한다. 농민들이 유전자조작 농산물을 기르는 데는 다른 이유도 있다. 초국적 농식품 복합체가 전 세계 농산물의 무역과 유통을 독과점하고 있기 때문이다. 실제로 농민들이 씨앗을 사기 위해 종묘상에 가 보면, 농식품 복합체가 공급하는 씨앗들이 너무 많은 데다 대부분 독과점 상품이라 이를 피하기가 어렵다. 그 결과 농민들은 자의 반 타의 반으로 유전자조작 농산물을 경작하게 된다.

현재 우리나라는 일본에 이어 세계 2위의 유전자조작 농산물 수입 대국이다. 2013년 기준으로 우리 국민은 유전자조작 콩과 옥수수 160만 톤을 먹어 치웠다. 어마어마한 양이다. 사람들이 일부러 유전자조작 콩이나 옥수수를 사 먹지는 않는다. 그럼에도 불구하고 이 많은 양의 유전자조작 콩이나 옥수수가 우리나라에서 소비되었다. 도대체 유전자 조작 농산물은 어떤 경로로 소비되는 것일까? 주로 가공식품으로 둔갑해 우리 식탁에 오른다. 유전자조작 콩과 옥수수는 우리가 먹는 각종 가공식품의 주원료로 쓰인다. 간장, 된장, 식빵, 시리얼, 소스, 과자, 케이크, 초콜릿, 음료, 유제품, 팝콘, 뻥튀기, 식용유, 이유식, 햄, 소시지, 라면, 물엿, 케첩 등 사용되지 않는 곳이 드물 정도다. 그 외 가축 사료와 비료, 비타민, 항생제, 의약품, 화장품, 비누 등의 원료로 쓰이기도 한다.

유전자조작 생명체들은 그 하나하나가 생태계를 교란시킬 수 있는 '외래종'이다. 당연히 우리 몸에도 낯설다. 그러므로 체내에 들어오면 면역반응을 일으킬 수 있다. 유전자조작 농산물은 앞서 말한 것처럼 제초제에 강한 내성을 보인다. 과연 이것이 좋을까? 그렇지 않다. 오히려 내성이 강하기 때문에 더 위험하기도 하다. 유전자조작 농산물이 제초제에 강한 내성을 가졌다는 말은, 제초제를 마음 놓고 양껏 뿌릴 수 있다는 의미다. 그렇게 제초제를 많이 쓰면 쓸수록, 잡초와 해충도 제초제에 내성을 가진 슈퍼 잡초와 슈퍼 해충으로 진화한다. 이를 죽이려면 더 강력한 제초제가 개발되어야 하고, 개발된 제초제를 더 많이 뿌려야 한다. 그러면 잡초와 해충의 내성은 계속 강해져 가고, 이에 따라 더 강력한 제초제 개발이 필요해진다. 악순환이 아닐 수 없다.

　　이런 악순환을 통해서 이득을 보는 것은 누구일까? 초국적 농식품 복합체다. 반면에 손해를 보는 이는? 이들 기업을 제외한 모두다. 생태계는 교란되고, 소비자의 몸도 오염된다. 농민들은 일시적으로는 더 편하게 농사를 짓는 것처럼 느낄 수 있다. 그러나 농민들도 더 많은 돈을 농식품 복합체에 갖다 바쳐야 할 뿐 아니라, 더 강한 제초제에 노출되어 결국은 자신의 몸을 망가뜨리게 된다.

책

위험은 체계적으로 생산된다

울리히 벡의 『위험사회』

대구 지하철 화재 참사나 삼풍백화점 붕괴 사고, 세월호 참사 같은 대형 재난이 발생할 때마다 언론에서 자주 언급되는 책이 있다. 바로 독일의 사회학자 울리히 벡Ulrich Beck의 『위험사회』다. '위험사회'는 책 제목이기도 하고 울리히 벡이 주장한 개념이기도 하다. 그는 현대 문명사회에서는 구조적 위험이 증가한다고 보았다. 구조적 위험이 증가한다는 것은 사람들이 자기 의지와 상관없이 언제 어디서 갑자기 죽거나 다칠 수 있음을 의미한다. 말 그대로 사회가 점점 더 위험해지고 있다는 뜻이다. 이 책의 주장을 요약하면 현대 문명사회가 위험을 체계적으로 생산해 왔으며, 그 결과 인간을 비롯한 지구상의 모든 생명체들이 공멸할 위험에 처하게 되었다는 것이다.

현대사회의 위험은 과학기술에 기반해 군사력과 경제력을 키우는 과정에서 양산된다. 예를 들어 대륙 간 탄도미사일, 핵무기, 생화학 무기 같은 첨단 무기들은 과학기술이 군사적 요구와 결합해 생산된 위험이다. 또한 각종 환경 오염, 생태계 파괴, 유전자 변형, 화학첨가물은 과학기술이 경제적 이익과 결합해 생산된 위험이다. 과학기술이 그 자체로 나쁘다기보다는 정치적·경제적 요구와 결합되면서 위험이 증폭되고 있다. 인류가 진보와 발전이라고 생각하며 추진해 왔던 과학기술의 발전이 결국 자기 파멸을 낳게 된 아이러니, 그 아이러니를 이 책은 통렬하게 지적하고 비판한다.

현대사회의 위험에는 주된 성격이 있다. 우선 그 발생 경로를 파악하기가 쉽지 않다. 가령 '어린이의 체내에 납이 많이 축적되어 있다'거나 '모유에서 농약 성분이 검출되었다'고 했을 때, 어디서 어떤 경로를 통해 이런 결과가 나오게 되었는지 알 수 없다. 사람들은 일상적으로 대기 중의 오염 인자들을 흡입하고, 물속의 오염 인자들을 마시며, 채소와 고기 속의 오염 인자들을 먹고 있기 때문이다. 위험 요소들이 너무 광범위하게 퍼져 있으므로, 어떤 재앙이나 사고가 발생했을 때 누가 책임져야 하는지를 따지기도 쉽지 않다. 어디까지를 피해자로 봐야 하는가도 마찬가지다. 울리히 벡은 한 인터뷰에서 이런 말을 한 적이 있다. "후쿠시마 원전 사고로 인해 엄마 배 속의 태아가 피폭됐을 때, 이 태아가 커서 배우자를 찾을 때 쉽겠는가? 이것은 피해가 아닐까? 위험사회에서의 재앙은 어디까지 피해 시점을 잡을지가 논란거리다. 위험사회에서의 피해는 측정 불가능하고 지역적 경계가 없다."

위험한 것은 특정한 물질이나 사람, 행위가 아니라, 현대사회의 시스템 그 자체다. 현대 자본주의 시스템 자체를 돌아보고 근본적으로 교정하거나, 아예 새로운 시스템을 창출해 내려는 노력이 필요하다.

네가 젊어서는 네가 가고 싶은 곳을 다녔으나,

네가 늙어서는 남들이 너를 묶어서

네가 바라지 않는 곳으로 너를 끌고 갈 것이다.

— 『신약성경』 「요한복음」 21장 18절

3

노인

노년의 불행,
우리 모두의 미래

예수는 왜
늙은 모습을 하고 있을까?

혹시 성물(聖物)이나 성화(聖畵)에 묘사된 예수의 초상을 본 적이 있는지 모르겠다. 거기에 묘사된 예수의 나이가 얼마로 보이는가? 아마 50대로 보는 사람들이 많을 것이다. 간혹 40대로 보는 사람도 있지 않을까 한다. 그러나 아무리 젊게 봐도 예수가 죽은 30대 초반(33세)으로 보는 사람은 거의 없을 것이다.

이는 무엇을 뜻하는가? 예수의 초상이 실제보다 훨씬 늙게 묘사되어 있음을 말한다. 물론 예수가 태어난 고대에는 인간의 수명이 지금보다 짧았다. 그러나 수명이 짧았다고 해서 당시의 30대가 지금의 50대처럼 늙었던 것은 아니다. 노화의 속도는 예나 지금이나 별 차이가 없다.

그러면 왜 이렇게 예수를 늙게 묘사했을까? 이는 우리의 통념과 관련이 있다. 사람들은 일반적으로 '지혜로운 자 = 노인'이라는 통념을 갖고 있다. 예수는 성인(聖人)이다. 성인은 성스러운 사람이기도 하지만 지혜로운 사람이기도 하다. 한 종교의 시조로서 보면, 예수의 이른 죽음은 매우 이례적이다. '세계 4대 성인'이라 불리는 다른 종교의 시조들과 비교해 보면 금방 알 수 있다. 석가모니(불교)는 80세, 무함마드(이슬람교)는 62세, 공자(유교)는 72세까지 살았다. 이들은 모두 늙어서 죽었다. 그러므로 지혜로운 자로 표상하는 데 별 어려움이 없다. 그러나 예수는 다른 성인들의 절반도 못 살고 생애를 마쳤다. '지혜로운 자 = 노인'이라는 통념과 거리가 있을 수밖에 없다. 그래서 실제보다 늙은 모습으로 묘사한다.

노인을 지혜의 보고(寶庫)로 여기는 것은 동서양을 막론하고 유서가 깊다. 일반적으로 '지혜로운 사람' 하면 나이가 많은 사람을 상상하게 되지, 새파랗게 젊은 사람을 상상하게 되지는 않는다. 아프리카의 작가 아마두 함파테바는 "노인 한 명이 죽는 것은 도서관 하나가 불타 없어지는 것과 같다"고 했다. 노인이 죽으면 그가 갖고 있었던 문화, 기억, 지혜도 함께 사라지기에, 이를 도서관이 불타 없어지는 일에 비유한 것이다.

그러나 나이가 많다고 해서 반드시 지혜로운 것은 아니다. 지혜로운 사람도 있지만, 그렇지 않은 사람도 적지 않다. 그런 점을 생각하면, 노인이 지혜로운 이미지를 독점하는 것에 비판적인 견해를 가질 수도 있다. 나이 든 사람들이 자기 권위를 유지하는 방법의 하나로 '늙은 사람은 곧 지혜롭다'는 이미지를 만들어 낸다고 볼 수도 있는 것이다.

사회적으로 일정한 권력과 권위를 누리는 사람들은 실제로 대개 나이 든 사람들이다. 그들이 자신의 지위를 유지하기 위해서는 '지혜로운 자'라는 이미지가 필요하다.

노인의, 노인에 의한,
노인을 위한 정치!

: 제론토크라시 :

'노인 정치'라는 말이 있다. 영어로 '제론토크라시(gerontocracy)'라고 한다. 제론토크라시는 '노인들에 의해 이루어지는 정치'를 말한다. 여기에는 두 가지 의미가 담겨 있다. 하나는 '노인 정치인이 많다'는 것. 실제로 정치인들 대부분이 노인이다. 또 하나는 '노인 유권자들의 투표율이 높다'는 것. 현재 가장 투표율이 높은 세대는 단연 60대 이상의 노인층이다.

다수결 원칙이 지배하는 선거에서는 투표율이 높은 세대가 결과에 가장 큰 영향을 미칠 수밖에 없다. 그러면 노인들은 왜 이렇게 열심히 투표에 참여하는 것일까?

첫째, 노인들은 일반적으로 시간적 여유가 많다. 그들은 대개 현역에서 은퇴한 까닭에 선거에 참여하거나 정치 문제에 신경 쓸 시간이 많은 편이다. 그러나 이를 할 일이 없어 열심히 투표한다는 식으로 받아들이면 곤란하다.

국민이 선거에 참여하는 것은 당연한 권리이기 때문이다. 오히려 문제는 젊은 층이 법으로 보장된 선거권도 제대로 행사하지 못할 정도로 바쁘고, 마음의 여유가 없게 만드는 사회구조에 있다.

둘째, 투표를 통해 자기 존재감을 확인할 수 있기 때문이다. 사회 활동 영역에서 퇴출된 노인들에게, 선거 참여는 매우 중요한 상징적 의미를 갖는다. 이는 사회 일원으로서의 자기 기능을 완전히 상실하지 않았다는, 아직 할 일이 남아 있음을 확인하는 중요한 의례 행위가 된다. 그러므로 특별한 일이 없는 한, 투표에 빠지지 않는다.

셋째, 노인들은 모여 있기 때문이다. 일반적으로 노인들이 가는 곳은 뻔하다. 많은 노인들이 노인 대학, 경로당, 노인복지관, 요양원, 근린공원, 교회 등에 모여 함께 시간을 보낸다. 이런 상황은 '노인 여론'이라 부를 만한 것을 형성하기 쉽게 만든다. 또한 선거 참여도 집단적 성격을 띠게 된다. 그것이 노인들의 투표율을 높인다.

넷째, 경제적 수혜를 얻기 위해서다. 은퇴한 노인들 중에는 별 수입이 없는 사람들이 많다. 노인들은 투표를 열심히 해야 정치인들이 자신을 무시하지 않고, 정치권으로부터 노인복지나 노령연금 등 약간이라도 경제적 혜택을 얻어 낼 수 있음을 잘 알고 있다. 노인들은 투표하는 것도 '제 몫'을 챙기는 일로 인식한다. 나아가 그것이 부모 부양으로 인한 '자식들의 부담'을 덜어 주는 길이라 생각한다. 그래서 열심히 투표한다.

고령화 시대의 노인,
누가 부양할 것인가

인간의 평균수명이 길어짐에 따라 전체 인구 중 노인의 비율이 급속도로 높아지고 있다. 이를 '인구의 고령화'라 한다. 사회학자들은 '고령화 쇼크'라는 말을 쓰기도 한다. 그만큼 고령화는 갑작스러운 변화인 동시에, 사회 전반에 미치는 영향이 크기 때문이다. 지금처럼 사람이 오래 살게 된 것은 인류 역사에서 극히 최근에 벌어진 일이다. 최근 100년도 안 되는 기간 동안 의료 기술의 발달, 경제성장, 위생 개선으로 인간의 평균수명이 대폭 늘어났다.

우리나라는 세계에서도 가장 빠른 속도로 고령화가 진척되고 있는 나라다. 인구 비율상으로 보면, 현재 우리나라는 핵심 생산 인구(25~49세) 3명이 노인 1명을 부양하고 있는 꼴이다. 그러나 10년 후에는 2명당 노인 1명, 20년 후에는 1명당 노인 1명을 부양해야 한다. 이것은 보통 일이 아니다. 사실상 지금도 노인 부양이 잘 안 되고 있기 때문이다. 어떤 특단의 조치가 없다면, 사회적으로 버려지는 노인들이 속출할 수밖에 없다.

'가정과 국가 중 누가 노인을 부양할 것인가' 하는 문제는 중요한 사회적 의제 중 하나다. 젊은 세대는 높은 실업률과 이른 퇴직, 만연한 비정규직, 지나치게 많이 드는 주거비와 사교육비 때문에 자식 키우는 일만으로도 버거워한다. 그 때문에 부모 부양을 국가가 감당해 주기를 바란다. 그러나 국가는 고령화로 세금을 내는 인구가 줄어드는 반면에 노인복지 비용은 급증해 국가 재정이 악화되고 있다며 난색을 표한다. 노인 부양을 자식 세대와 국가가 서로 떠넘기는 꼴이다.

결론적으로 말하면, 인구가 고령화되면 노인복지 비용의 증가는 불가피하다. 그러나 세금을 낼 수 있는 젊은 세대가 줄어드는 판에 노인복지 비용을 한없이 늘릴 수도 없다. 가장 좋은 해결책은 노인복지 비용을 증가시키되, 60~70대에게도 정당한 보수를 받으며 일할 수 있는 기회를 충분히 제공하는 것이다.

노인복지 비용이 늘어나면 노인을 '국민 세금이나 축내는 사람들'로 바라보는 시선도 늘어난다. 그러나 우리가 알아야 할 사실은 대부분의 노인들이 현역에서 은퇴하고 싶어 은퇴한 경우가 별로 없다는 점이다. 여전히 체력, 기술, 능력이 있음에도 불구하고 나이를 먹었다는 이유만으로 사회 활동 영역에서 퇴출당한 경우가 대부분이다. 이렇게 퇴출된 사람은 더 빨리 늙는다. 이를 '자연적 노화'와 대비시켜 '사회적 노화'라 한다.

모든 사람은 늙는다. 그런 면에서 노인복지는 노인만의 문제는 아니다. 물론 더 늙고 병들면, 가족이나 타인의 보살핌을 받아야 할 때가 올 것이다. 그러나 그런 경우에도 자신의 존엄을 잃지 않을 수 있어야 한다. 그러기 위해서는 사회적으로 노인복지제도가 잘 갖춰져 있어야 한다. 어떤 사회가 좋은 사회이고 어떤 사회가 그렇지 않은 사회인지를 따지는 기준 중 하나는 '행복한 노년을 기대할 수 있느냐' 하는 것이다. 불행히도 우리나라는 아직 그렇지 않다. 대부분의 사람들은 '늙으면 불행해질 것'이라고 생각하는 게 현실이다.

고령화 시대, 생명윤리 논쟁을 촉발하다

요즘은 장수하는 분들이 많다. 외가나 친가 쪽 어른들을 찬찬히 떠올려 보면, 여든을 넘어 구순을 향해 가는 분이 한 분은 계실 정도다. 이제 건강관리를 잘하고, 계속 발전하는 의료 과학기술을 빌리면 백 살을 사는 것도 꿈이 아닌 시대가 되었다. 앞으로 '초고령 사회'가 될 것이라 예측하는 학자들도 많다. 고령화는 생명 윤리 논쟁을 촉발시킨다. 그 논쟁이란 '사람이 어느 정도까지 사는 것이 정상적인가?' 하는 것이다.

'생명의 존엄성'이라는 말을 들어 본 적이 있을 것이다. 말 그대로 '살아 있는 모든 것은 존엄하다'는 뜻이다. 그 개념이 갖는 전제가 있다. 생명체가 살고 죽는 것은 자연적 과정의 일부여야 한다는 점이다. 여기에 기초해 생명 윤리학자들은 살아 있는 생명체를 옹호하고, 이와 반대로 생명체에게 주어진 자연적인 수명을 인위적으로 단절시키는 행위를 문제 삼아 왔다. 사형, 살인, 전쟁 같은 것들 말이다. 그러나 고령화 사회는 새로운 문제의식을 불러일으킨다. 왜냐하면 백 살 넘게 사는 것을 과연 자연적 과정으로 볼 수 있느냐 하는 문제를 낳기 때문이다.

만약 이러한 초장수가 자연적 결과가 아니라 첨단 의료 과학기술의 힘을 빌린 '인위적 조치에 의해 억지로 수명을 늘린 결과'로 간주된다면? 더구나 초고령화가 집단적 행복과 안녕을 가로막을 뿐 아니라 개인적으로도 풍요로운 삶을 가져다주지 못한다면? 인간의 생명 윤리에 대한 관점은 바뀔 수 있다. 예전에는 무조건적인 생명 옹호가 윤리적이었지만, 이제는 인위적인 생명 연장에 반대하는 것이 오히려 윤리적이라는 등식이 성립할 수 있다.

미국의 생명 윤리학자인 다니엘 캘러헌^{Daniel Callahan}은 이렇게 오래 사는 것이 비윤리적이라는 생각은 하나의 물음으로 이어진다고 봤다. '언제 죽어야 하는가?'라는 물음이다. 이 질문에 그가 내린 결론은 '65세 정도'다. 그 정도면 사람이 인생에서 일반적으로 경험하는 일들, 즉 일하고 배우고 사랑하고 자식을 독립된 성인으로 키우는 것이 가능하다. 그러므로 65세 이상이 되면 굳이 인위적으로 생명을 연장시킬 필요가 없다는 주장이다. 이제까지의 생명 윤리는 '생존할 권리'에 관한 것이었다. 그러나 미래의 생명 윤리는 '죽어야 할 의무'에 관한 것이 될지도 모른다.

'죽어야 할 의무'라니? 그렇다면 노인들을 죽인다는 말일까? 그런 말이 아니다. 인위적인 연명 치료를 하지 않거나, 의료에 대한 노인복지를 줄이면 노인 수명은 줄어들 수밖에 없다. 사람은 죽을 때 돈이 많이 들어간다. 고령화 사회가 되면 경제활동인구가 줄어들고, 경제활동인구가 줄면 사회적으로 가용할 만한 자원도 줄어든다. 그렇게 되면 한정된 자원을 내일모레 죽을 사람에게 쓸 것이냐, 미래 세대(어린아이)에게 쓸 것이냐 하는 문제가 대두될 가능성이 높다. 이러한 사회적 자원 배분의 문제도 생명 윤리 논쟁을 촉발시킬 것이다.

노인복지시설인가, 사회격리시설인가

길거리나 백화점, 대형마트, 카페, 식당, 영화관 등은 늘 사람들로 북적인다. 도시 생활자에게 이런 공간들은 매우 일상적인 삶의 공간이다. 그런데 생각해 보면, 이런 공간에서 노인들을 보기가 쉽지는 않다. 물론 노인이 되면 경제력과 활동성이 줄어들어 행동반경이 좁아지게 마련이다. 그러나 그런 것을 십분 감안해도 우리가 공공장소에서 접하는 노인의 수는 너무 적다. 그 많은 노인들은 다 어디로 간 것일까?

흔한 경우는 아니지만, 노인들 중에는 나름 꽉 짜인 스케줄을 갖고 움직이는 사람들도 있다. 일요일에는 교회, 월요일에는 자원봉사, 화요일에는 노인 노래 교실, 수요일에는 노인 대학, 목요일에는 경로당하는 식으로 말이다. 언뜻 활발하게 활동하는 것처럼 보이지만, 거기에는 한 가지 특징이 있다. 대개 노인들이 모여 있는 공간으로만 돌아다닌다는 것이다. 외출을 좋아하는 노인이라 하더라도 가는 곳은 일정하게 정해져 있다. 서울 같으면 노인들이 많이 모이는 종묘공원이나 탑골공원이 대표적이다. 이렇게 노인들끼리만 모여 있다 보니, 다른 곳에서는 노인들이 눈에 잘 띄지 않는다.

그렇다고 해서 노인들이 자신들끼리만 모여 있는 것을 좋아한다고 여겨서는 안 된다. 실은 반대다. 노인들은 '노인만 몰려 있는 공간'을 싫어한다. 그런 공간은 다른 세대로부터의 고립을 의미하고, 자신이 사회적 퇴물이 되었음을 확인시켜 주기 때문이다. 노인들도 다른 세대와 어울리고 싶어 한다. 또한 젊은이와 마찬가지로 다양한 사람들에게서 새로운 지적·정서적 자극을 받을 수 있는 공간을 좋아한다. 노인들이 '노인만 몰려 있는 공간'을 찾는 이유는 그곳이 좋아서가 아니라, 그렇게 공간들이 구조화되어 있기 때문이다.

이는 정책의 산물이기도 하다. 정부는 노인복지를 위해 적지 않은 돈을 쓴다. 그러나 '사람'에게 쓰는 것이 아니라 '시설'에 쓴다. 이것이 문제다. 그러므로 노인이 복지 혜택을 받기 위해서는 다른 세대와 가족 공동체에서 홀로 떨어져 나와 복지시설에 가야 한다. 노인 대학, 경로당, 요양 병원, 무료 급식소, 노인복지관 같은 곳을 가야 하는 것이다. 그러므로 노인복지를 누리려 할수록 노인들은 더욱 외로워지고, 비참해진다. 지금의 노인복지는 노인의 복리를 위한 것이 아니라 노인들을 따로 모아 버리는 것에 가깝다. 복지시설이기보다 사회격리시설에 가깝다는 말이다.

디지털화된 환경이
노인을 고립시킨다

어릴 때부터 디지털화된 환경에서 자란 청소년들은 디지털화된 환경을 당연하게 여기는 경우가 대부분이다. 하지만 21세기를 살아가는 노인들은 지금과는 전혀 다른 세계에서 태어나고 자랐다. 그들 중에는 어릴 때 짚신을 신고 살았던 사람도 있다. 어려서 짚신을 신고 살았던 사람이 늙어서 스마트폰을 조작하는 것을 상상해 보라. 그 급속한 변화가 노인에게 미치는 영향을 실감하기는 쉽지 않을 것이다.

노인들 중에는 인터넷으로 물건을 주문하고, 은행 일을 보고, 길을 찾는 것을 신기하게 여기는 사람들도 적지 않다. 그들에게는 세상이 '도깨비 세상'처럼 보인다. 디지털화된 세상이 노인에게 불러일으키는 감정은 놀라움이나 신기함만이 아니다. 그에 대한 거부감도 적지 않다. 디지털화된 세상은 무엇보다 노인이 평생 경험을 통해 축적해 왔던 지식과 지혜를 아무것도 아닌 것으로 만들어 버리기 때문이다.

디지털화된 세상에서 컴퓨터나 스마트폰을 능수능란하게 쓸 줄 모르면 무능한 사람이 되기 쉽다. 노인들은 '정보 난민'이 가장 되기 쉬운 계층이다. 노인들도 디지털 기기 사용법을 배우면 될 것 아니냐고? 그것도 말처럼 쉽지는 않다. 컴퓨터나 스마트폰 사용법을 배우는 일은 적지 않은 스트레스를 유발한다. 이를 '디지털 스트레스'라 한다. 또한 스마트폰 사용법을 배우는 과정에서 노인의 위상은 땅에 떨어지게 된다. 노인은 가정에서도 서열이 가장 낮은 손자들에게 스마트폰이나 컴퓨터 사용법을 배워야 하는 존재로 전락한다.

디지털화된 세상은 노인들을 다른 세대로부터 고립시킨다. 가정 내에서도 노인들은 성인 자녀나 손자들과 대화할 기회가 없다. 그들은 모두 스마트폰이나 컴퓨터를 들여다보고 있기 때문이다. 노인으로서는 자녀와 손자들을 디지털 기기들이 빼앗아 갔다고 느낄 법하다. 밖에 나가도 마찬가지다. 디지털화된 세상은 불편함과 이질감을 느끼게 한다. IT 혁명이 불러일으킨 변화는 압도적이다. IT 혁명은 인간관계의 형식과 규범, 시공간에 대한 느낌, 사회적 코드, 행동 양식, 에티켓 등을 변화시켰다. 심한 경우 그것은 노인들에게 신경증과 무력감, 짜증을 불러일으킬 수 있다.

고령화 시대에는 시장도 변한다

이렇듯 우리 사회는 하루가 다르게 나이를 먹어 가고 있다. 사회에 노인이 많아지면, 시장 역시 변화를 겪을 수밖에 없다. 인구의 고령화는 구매층이 늙는다는 말이기도 하다. 소비자 경제는 청년층에서 노년층으로 옮겨 가고, 기업들도 이에 발맞춰 상품을 개발해야 한다. 예를 들어 아이와 젊은이들이 많은 사회에서는 미니밴, 테니스, 분유, 청소년 여름 캠프 시장이 커질 것이다. 그러나 노인들이 많은 사회에서는 고급 RV(레저형 자동차), 골프, 염색약, 크루즈 여행 같은 시장이 부상한다.

광고 이미지도 많이 바뀔 것이다. 이제까지는 젊은 층이 소비를 주도해 왔던 까닭에 젊음의 힘과 아름다움을 강조하는 광고들이 많이 만들어졌다. 그러나 주된 소비층이 노인으로 바뀌면 광고 패턴도 바뀔 수밖에 없다. 앞으로는 밝고 활동적인 노년의 이미지, '중년의 끝없는 연장'으로서의 노년의 이미지가 주가 될 것이다. 나이를 먹기는 하지만, 여전히 중년의 힘과 아름다움을 유지하는 노인의 이미지가 강조되는 것이다.

고령화는 노인으로 살아야 하는 기간 자체가 길어짐을 의미하기
도 한다. 예를 들어 평균수명이 90세 이상으로 늘어난다면, 60세 노인
은 앞으로 30년 이상을 노인으로 살아야 한다. 그에 따라 노인 소비 시
장은 젊은 노인(young old), 중년 노인(middle old), 고령 노인(old old)으로
세분화될 것이다. 예전에는 노인 자체가 하나의 세대로 취급되었다면,
앞으로는 시장에 의해 노인 세대가 세분화되고, 각 노인 세대에 맞는
제품들이 개발, 출시될 것이다.

고령화는 경제 자체의 쇠퇴를 의미하기도 한다. 한창 일할 젊은이
들이 줄어든다는 것은, 앞서 말했듯이 그 자체로 사회적으로 가용할 만
한 자원이 부족해짐을 뜻하기 때문이다. 그에 따라 소비자들의 구매력
도 많이 떨어질 것이다. 피터 G. 피터슨Peter G. Peterson은 『노인들의 사회,
그 불안한 미래』에서 이런 질문을 던졌다. "경제학자들은 국내총생산
(GDP)이 두 분기 이상 계속 하락하면 불경기라고 진단한다. 분기가 아
무리 거듭되어도 불경기에서 헤어나지 못하는 경제는 뭐라고 표현해야
옳을까?" 세계가 고령화되는 오늘날, 인류는 전대미문의 경제 상황에
직면하고 있다.

촌철살인 사회이슈

경제 불황기, 폭증하는 노인 빈곤율

젊은 사람들은 길에서 가난해 보이는 노인들을 보면, '저 사람은 평생 뭘 했기에 저렇게 사나?' 하는 생각이 들 것이다. 그러나 이는 남의 일이 아니다. 우리나라의 노인 빈곤율은 2015년 기준 48.5%로 경제협력개발기구(OECD) 국가들 중 가장 높다. 우리나라에서 노년은 곧 가난을 의미한다고 해도 과언이 아니다. 노인들 대부분은 젊은 시절 일을 하지 않아서 가난해진 것이 아니다. 혹은 젊은 시절 돈을 펑펑 낭비해서 가난해진 것도 아니다.

그들 중에는 사업이 망해서, 외환 위기나 기업 도산으로 실직을 해서 가난해진 경우도 있다. 그러나 별일 없이 젊었을 때에는 열심히 일해 자식과 부모를 부양했지만, 늙으면서 자연스럽게 벌이가 없어 가난해진 경우도 많다.

노인 빈곤율이 높은 이유는 무엇보다 사회 안전망, 곧 실업, 빈곤, 재해, 노령, 질병 등의 사회적 위험으로부터 국민을 보호하기 위한 제도적 장치가 미흡하기 때문이다. 사회안전망이 잘 갖춰져 있으면, 사업이 망하거나, 다니던 직장이 문을 닫거나, 실직을 해도 경제적으로 재기하기가 쉽다. 사회 안전망에 의지해 다른 직장을 찾거나, 새로운 사업을 준비할 수 있다. 그러나 사회 안전망이 미비할 경우 일단 한번 경제적으로 힘들어지면, 그걸로 끝이다. 다음 기회란 좀처럼 주어지지 않는다. 그냥 가난한 채로 늙어 갈 수밖에 없다.

요즘처럼 불황이 심화되면 가장 먼저 경제적 타격을 받는 것도 노인들이다. 심지어 재산이 어느 정도 있는 경우에도 안심할 수 없다. 자녀들 때문이다. 불황이 지속되면 자녀들은 경제적으로 독립하기 힘들어져 성인이 된 후에도 부모의 경제적 지원을 바라게 된다. 대학을 졸업한 뒤에도 학자금(대학원이나 유학 비용), 결혼 비용, 양육비 등을 부모에게 의존하는 것이다.

설사 취직을 하더라도 조기 퇴직 당하는 경우가 많다. 그럴 때 자녀들은 사업을 하겠다고 나서게 되는데, 사업 자금이 부족하면 부모에게 돈을 달라고 하거나, 부모 집을 담보로 은행에서 돈을 빌리는 경우가 생긴다. 그러나 불황인데 사업이라고 잘될 리 없다. 그러다 사업이 망하면, 늙은 부모들은 길거리에 나앉게 된다.

노년의 가난은 단지 경제적으로 힘든 것에 그치지 않는다. 이는 가족, 친구, 이웃과의 인간관계를 단절시켜 노인을 고립 상태에 빠지게 한다. 고독과 궁핍은 각종 정신적·신체적 질병을 유발한다. 살고 싶은 의지를 빼앗긴 노인들, 특히 남자 노인들은 술에 의존해 남은 삶을 파괴해 나가는 경우도 상당히 많다. 그것은 황혼 이혼, 황혼 자살의 확률도 높인다.

노인 학대의 주범은 가족이다

전통적으로 노인은 가정이나 공동체에서 존경받는 존재로 여겨졌다. 효 사상이나 경로사상은 가정이나 공동체 내에서 노인의 상징적 지위를 보장해 주었다. 그러나 이러한 사회 문화 규범은 붕괴된 지 오래다. 오늘날 노인들은 가정이나 사회에서 존중받지 못하는 경우가 많을 뿐 아니라, 심지어 학대도 당한다. 우리는 간혹 언론을 통해 노인 학대 기사를 접한다. 그러나 실제 상황은 그보다 훨씬 심각하다. 노인 학대는 좀처럼 사회에 잘 알려지지 않기 때문이다. 그 이유는 학대의 주체가 주로 가족인 데에 있다.

통계를 보면, 아들에 의한 학대가 가장 많고 다음으로는 며느리이며, 아들 내외가 함께 저지르기도 한다. 학대 유형은 다양하다. 노인 학대는 신체적·정신적·성적 폭력, 경제적 착취 또는 가혹 행위를 하거나 방임하는 것을 말한다. 노인 학대 신고는 학대를 당하는 본인이 하는 경우는 드물다. 주로 친척이나 이웃들이 옆에서 지켜보다 '안 되겠다' 싶어 신고한다. 그러나 신고를 받은 경찰이 현장에 가 보면, 노인들은 '학대를 당한 적 없다'며 숨기기 바쁘다. 자신이 자식에게 의존하는 상태에 있기도 하고, 무엇보다 자식에게 학대받는 것이 부끄럽다고 생각하기 때문이다.

자식들이 부모를 학대하는 이유는 주로 돈 때문이다. 돈이 노인 학대의 모든 이유는 아니지만, 가장 직접적인 이유라는 점은 분명하다.

지금과 같이 사회가 양극화되고 불황이 심화될 때, 부모가 생계를 자녀에게 의존하는 경우, 빈곤층에서 노인 학대가 발생하는 비율이 높다는 통계가 이를 증명한다. 특히 부모가 많은 돈이 들어가는 병이나 치매처럼 간병이 힘든 병을 앓는 경우, 의료 복지가 미흡한 우리나라에서는 자식들이 큰 부담을 안게 되고, 그것이 학대로 이어지기도 한다.

그렇다고 재산 없는 노인들만 학대를 당한다고 생각해서는 안 된다. 재산이 어느 정도 있는 경우에도 자식에게 재산을 빼앗겨 궁핍을 강요당할 수 있다. 이를 '재정적 학대'라 한다. 몇 년 전, 한 할머니가 장남 부부를 상대로 소송을 한 일이 있었다. 자신을 경제적으로 부양하는 조건으로 재산을 장남에게 물려주었는데, 그 후 부양하지 않고 자신을 방치했다면서 물려준 재산을 돌려받게 해 달라고 소송을 제기한 것이다. 이처럼 미리 재산을 상속받은 자식이 늙은 부모를 방치하는 일도 적지 않다. 슬픈 일이 아닐 수 없다.

영
화

아이 속의 노인, 노인 속의 아이
데이빗 핀처 감독의 〈벤자민 버튼의 시간은 거꾸로 간다〉

영화 〈벤자민 버튼의 시간은 거꾸로 간다〉The Curious Case Of Benjamin Button, 2008는 인생과 노년에 대한 뛰어난 통찰로 가득 차 있다. 모든 인간은 아기로 태어나 늙어서 죽는다. 그것이 자연의 법칙이다. 그런데 영화 속 주인공 벤자민 버튼(브래드 피트 분)은 이와 반대로 노인으로 태어나 점점 젊어지다 아기가 되어 죽는다. 영화는 그 과정을 쭉 보여 준다. 이 작품은 F. 스콧 피츠제럴드Francis Scott Key Fitzgerald의 동명 단편소설을 영화화한 것이다. 피츠제럴드는 "인간이 80세로 태어나 18세를 향해 늙어 간다면 인생은 무한히 행복하리라."라는 마크 트웨인Mark Twain의 말에 영감을 받아 이 소설을 썼다 한다.

노인으로 태어나 아기로 죽는다는 스토리는 그 자체로 인생과 노년에 대한 빼어난 상징과 비유가 된다. 노인과 아기는 정반대인 것처럼 보이지만, 비슷한 점이 많기 때문이다. 일단 무기력하다. 갓난아기와 죽음을 앞둔 노인은 둘 다 무기력하기 짝이 없으며, 누군가의 돌봄을 필요로 한다. 아기가 작듯이, 노인도 작다. 아기가 자라 성인이 되면 몸집이 커지지만, 늙으면 키나 몸무게가 줄어든다. 죽을 때쯤 되면 아기만큼은 아니라도, 젊었을 때와는 비교가 안 되게 몸피가 줄어든다.

갓난아기는 사물을 제대로 볼 수 없고, 소리를 들어도 그것이 무슨 말인지 알 수 없다. 노인도 마찬가지다. 늙으면 눈과 귀가 어두워진다. 우리가 아주 어릴 때를 기억하지 못하듯, 노인이 되면 기억력이 흐릿해진다. 혹시 주변에 계신 할머니나 할아버지를 보고 '애 같다'고 느낀 적이 없는가? 실제로 아이와 노인은 정서가 비슷하다. 젊었을 때 어른스러웠던 사람이라도 늙으면 다소 유치해진다. 단것 좋아하는 것도 비슷하고 말이다. 그래서 아이와 노인은 의외로 좋은 친구가 될 수 있다. 노인들이 손자, 손녀를 좋아하는 것도 그런 이유 때문인지 모른다.

사회적 처우도 아이와 노인은 비슷하다. 아이는 어른들에게 늘 통제당하고, 간섭받고, 가르침을 받는다. 노인도 마찬가지다. 늙고 병들면 성인이 된 자식들, 병원 간호사, 간병인에게 통제당하고, 간섭받고, 가르침을 받는다. 아이들의 성적 접촉이 통제되듯이, 노인들의 연애도 일종의 금기다. 노인들의 연애는 동네 창피한 일이 된다.

극과 극은 통한다 했던가. 아이와 노인은 비슷한 점이 너무 많다. 영화를 보고 나면 동의하게 될 것이다. 노인으로 태어나 아기로 죽는다는 것도 말이 된다는 사실을.

미국 메릴랜드주립대 연구진이

1975~2006년 미국 성인 3만 명을 대상으로 실시된 일반 사회 조사 가운데

TV 시청 항목을 분석한 결과, 불행한 사람들은 행복한 사람들에 비해

30%가량 더 많은 시간 TV를 시청하는 것으로 나타났다.

— 「불행한 사람이 TV 훨씬 오래 본다」 기사에서

4

키워드

방송

은밀한 대중 의식의
지배자

'빵과 서커스'로
국민을 통제하다

: 티티테인먼트 :

"어차피 대중들은 개돼지입니다. 뭐하러 개돼지들한테 신경을 쓰시고 그러십니까. 적당히 짖어 대다가 알아서 조용해질 겁니다." 2015년에 개봉해 큰 인기를 끈 영화 〈내부자들〉에 나온 대사다. 그런데 영화가 나온 지 얼마 되지 않아 "민중은 개돼지"라는 망언이 교육부 고위 공직자의 입에서 나와 전 국민의 공분을 샀다. 사실 민중을 무시하는 권력층의 행태는 낯선 것이 아니다. 동서양을 막론하고 이미 널리 퍼져 있다. 이를 보여 주는 대표적인 단어가 티티테인먼트(tittytainment)다. 이 말은 '티티(titty, 젖)'와 '엔터테인먼트(entertainment, 오락)'를 합성한 것으로, 미국의 보수 정치학자 즈비그뉴 브레진스키Zbigniew K. Brzezinski가 만들었다. 이 말이 뜻하는 바는 이렇다.

여기 한 아기가 있다. 아기는 엄마 품에 안겨 젖을 빨고 있다. 엄마는 젖을 빠는 아기를 사랑스러운 눈빛으로 바라보면서, 장난감을 딸랑이며 '까꿍'

하고 어르고 달랜다. 아기로서는 매우 만족스러운 상태다. 입으로는 젖이 들어오고, 배는 부르다. 엄마가 자신을 바라보는 눈빛과 품은 따뜻하다. 아기로서는 더 이상 바랄 것이 없다. 엄마는 아기를 안고 창가에 서서 창밖을 바라본다. 아기 역시 젖을 빨며 엄마와 함께 창밖을 쳐다본다. 아기는 어른처럼 복잡하지 않다. 필요로 하는 것도 단순하다. 젖과 약간의 오락거리만 있으면 행복하다.

여기서 아기는 국민이고, 엄마는 권력층을 의미한다. 티티테인먼트라는 말에는 국민에 대한 권력층의 시각이 잘 담겨 있다. 먹을 것과 약간의 오락물만 제공하며 아기 다루듯 잘 어르고 달래면, 자신이 원하는 대로 국민을 통제할 수 있다는 의미다. 이 비유에서 장난감과 창의 기능을 겸하는 것이 바로 방송이다. 방송은 오락을 제공하면서 세상을 보여 주는 창의 역할을 한다. 권력층은 방송을 통해 자신들이 보여 주고 싶은 광경을 보여 준다. 국민들은 그 시각을 자신의 것으로 받아들인다. 이는 권력층에게 매우 이롭다.

권력층이 물질적·정신적 즐거움을 주면서 자신의 입맛대로 국민을 통제해 온 역사는 유구하다. 멀리는 고대 로마로 거슬러 올라간다. 고대 로마의 지배자들은 자신의 정치적 입지가 위태로울 때마다 시민들의 불만을 진정시키고 관심을 딴 곳으로 돌리기 위해 '빵과 서커스(게임)' 정책을 사용했다. ('빵과 서커스'는 고대 로마의 시인 유베날리스^{Decimus Junius Juvenalis}가 당시 권력자들의 지배 정책을 풍자하기 위해 만든 말이다.) 즉 그들은 먹을 것을 주고 피와 죽음이 난무하는 검투사 경기를 개최함으로써 자신의 권력을 유지, 확대했다. 이런 방법은 히틀러^{Adolf Hitler}에게도 유용하게 쓰였다. 그 역시 "국민을 다스리는 데에는 빵과 서커스만 있으면 된다"고 말했다.

우리나라에서는 전두환 정권 시절에 이런 방법이 쓰였다. 전두환은 쿠데타를 통해 권력을 잡은 까닭에 권력의 정통성이 없었다. 그는 원초적이고 말초적인 쾌락을 제공함으로써 우리 국민이 군부독재정치에 무신경하도록 만들려 애썼다. 그것이 소위 '3S 정책'이었다. 3S란 스포츠(sports), 스크린(screen), 섹스(sex)를 말한다. 전두환 정권은 프로야구, 프로축구, 프로씨름의 시대를 열었고, '국풍81'(여기서 '국풍(國風)'이라는 이름은 일제의 '가미카제[神風, 신풍]'를 본떠 만든 것이다.)이라는 대규모 어용 축제를 개최하고, 이를 TV로 날마다 생중계함으로써 국민의 이목을 집중시켰다.

전두환 정권은 야간통행금지를 해제하고, 중고생의 두발과 교복을 자율화했다. 시민과 청소년의 자유를 위축시키는 야간통행금지와 중고생의 두발·교복 자율화는 마땅히 필요한 것이었지만, 전두환 정권의 속내는 다른데 있었다. 이러한 조치의 목적은 시민과 청소년의 자유 보장에 있지 않다. 그 역시 3S 정책의 일환이었다. 야간통행금지가 없어지면 자연스럽게 유흥 산업이 활성화되고, 시민들은 말초적 쾌락에 빠져들 것이었다. 머리를 마음껏 기르고 사복을 입게 되자 일부 학생들은 유흥업소 등을 더욱 쉽게 드나들 수 있었다. 전두환 정권은 정부를 비판하는 노래나 영화는 엄격하게 금지했지만, 선정적인 내용은 대거 허용했다. 그 결과 에로 영화가 범람했다. 3S 정책의 효과는 컸다. 어떤 대학생들은 낮에 돌과 화염병을 던지며 반정부 시위를 했지만, 그 와중에도 많은 대학생이 밤이 되면 모여서 싸구려 에로 영화를 보며 킬킬대곤 했다.

그런데 이런 정책은 옛날만의 일일까? 아니다. 지금도 얼마든지 유효한 통치 방식이다. 게다가 인터넷이 발달한 요즘은 연예인, 운동선수의 스캔들이 그 역할을 대신하는 경우도 많다. 사회문제가 심각할 때 연예인의 스캔들이 뉴스 첫머리를 장식하거나, 화려한 행사가 많이 열리고 휘황찬란한 볼거리들이 잔뜩 제공된다면, 우리가 빵과 서커스에 시선을 빼앗기고 있는 것은 아닌지 돌아볼 필요가 있다.

진짜일까, 가짜일까?

: 의사사건 :

'의사(擬似)'라는 말은 '실제와 비슷하다'는 뜻이다. 그러므로 '의사사건(擬似事件, pseudo-events)'은 실제와 비슷하지만, 실제는 아닌 사건을 말한다. 간단히 말해 '진짜도 가짜도 아닌 사건'이다. 이 용어를 만든 사람은 역사학자 다니엘 부어스틴Daniel J. Boorstin이다. 그는 영상 매체의 힘이 사회를 압도하게 됨에 따라 이런 사건들이 사회에 만연하고 있음을 지적했다.

예를 들어 보자. 우리는 유명한 정치인이나 연예인들의 일거수일투족, 발언 하나하나가 뉴스가 되는 것을 알고 있다. 이들은 주된 취재 대상이다. 어디를 가든 카메라가 쫓아다니는 경우가 많다. 이들은 자신을 찍는 카메라가 신경이 쓰일까, 안 쓰일까? 당연히 쓰일 것이다. 정치인이나 연예인들은 늘 카메라를 의식하며 행동하고 말한다. 연기를 하게 되는 것이다.

카메라를 의식하고 연기한다는 점에서 보면 그것은 '가짜'다. 그러나 완전히 가짜는 아니다. 왜냐하면 '연기'라 해도 그들의 말이 실제로 어떤 결과를 낳고, 현실에 영향을 미치기 때문이다. 예를 들어 대통령의 말은 우리 현실의 중요한 일부를 이룬다. 그런 의미에서 이것은 진짜도 가짜도 아닌 사건, 즉 '의사사건'이다.

그러면 의사사건은 유명한 정치인이나 연예인들에게만 해당되는 이야기일까? 아니다. 일반인들에게도 의사사건은 많이 일어난다.

휴대전화로 사진을 찍을 때 과장된 표정을 짓거나 손으로 V자를 그리는 것, 이런 것도 의사사건이다. 심지어 카메라가 없어도 의사사건은 발생할 수 있다. 영화나 드라마를 늘 보고 사는 우리는 거기에 나오는 멋진 주인공처럼 되고 싶어 한다. 간혹 영화나 드라마의 주인공이라도 된 듯이 옷차림을 하거나, 행동하고 말하는 경우도 있다. 그 역시 보이지 않는 카메라를 머릿속으로 의식하고 행동하는 의사사건이다.

좀 더 심각하게는 테러도 의사사건이다. 예를 들어 이슬람 무장 단체 IS의 테러를 보자. 그저 사람을 죽이는 것이 목적이라면 간단한 방법들이 많이 있을 것이다. 그러나 그들은 사람을 그냥 죽이지 않는다. 참수나 화형 같은 끔찍한 방법으로 죽인다. 그리고 이를 영상으로 찍어 인터넷에 올린다. 영상을 인터넷에 올리는 이유는 많은 사람들이 보게 하기 위함이다. 여기에 목적이 있다. 많은 사람들이 영상을 보고, '우리가 무엇 때문에 이렇게 하는지'를 알게 하는 것, 이것이 진짜 목적이다. 그 목적을 위해서는 볼거리를 제공해야 한다. 볼거리는 자극적일수록 좋다. 그래야 많은 사람들에게 회자되고, 전 세계 언론들도 다뤄 줄 것이기 때문이다. 그래서 참수나 화형 같은 잔혹한 방법으로 죽인다. 사람이 죽는 것은 진짜이지만, 카메라 앞에서 볼거리를 만들기 위해 노력한다는 점에서는 '연기'다. 그래서 이런 테러도 의사사건이다.

실재와 허구를
혼동하는 사람들

1938년 10월 30일, 그날은 일요일이었다. 저녁 7시 58분, 미국 CBS 라디오는 드라마 도중 긴급 속보를 전했다. "정규 프로그램을 중단하고 긴급 뉴스를 알려 드리겠습니다. 화성인이 지구를 침공했습니다. 화성인들의 군대가 뉴저지 주의 한 농장 부근에 착륙했습니다. 화성인들이 주요 시설을 파괴하고, 도로는 피난민 행렬로 북새통입니다. 미국이 혼란에 빠져들고 있습니다."

앵커는 곧이어 사건 현장을 연결했다. 리포터는 피난 떠나는 사람들을 인터뷰했다. 하지만 화성인들의 기괴한 소리와 더불어 피난민들과 리포터의 비명소리가 들리더니, 리포터가 그 자리에서 사망하고 말았다. 라디오에서는 파괴음, 혼란, 아비규환의 비명소리만 난무했다. 그 상황이 라디오를 통해 생생하게 전국에 방송되었다.

방송을 들은 미국 시민들은 패닉 상태에 빠졌다. 일요일 저녁 예배를 드리던 신자들은 드디어 세상의 종말이 왔다며 몸을 떨었다. 절망에 빠진 사람들 중에는 독약을 먹고 자살을 시도한 경우도 있었다. '화성인들이 독가스를 퍼뜨렸다'는 소문이 돌았고, 사람들은 독가스를 피하려 젖은 수건을 얼굴에 두르고 집에서 뛰쳐나왔다.

방송의 힘은 엄청났다. 훗날 600만 명의 청취자 중 120만 명이 피난길에 올랐다는 통계까지 발표될 정도였다. 당시의 충격이 얼마나 컸는지 알 수 있다. 그러나 이 뉴스는 가짜였다. 이는 오손 웰스George Orson Welles가 만든 〈우주 전쟁〉War of the Worlds이라는 드라마의 일부였다. 흥미로운 것은 드라마 시작 전, '지금부터 나오는 방송은 허구이며, 실제가 아님'을 알려 줬다는 점이다. 그럼에도 많은 사람들은 실제 상황으로 착각했다.

사람들은 흔히 방송에 나오는 장면이나 내용을 사실로 믿는다. 정신과 의사들에 따르면 TV 속 세계가 현실이며, 현실이 오히려 허위라고 생각하는 환자들도 적지 않다고 한다. 이른바 'TV 증후군'이다. 방송은 우리의 중추신경에 관여한다. 이는 우리가 중추신경을 방송국에 넘겨준 것과 같은 효과를 낳는다. TV에서 방영되는 내용이 아무리 가짜라 하더라도 사람들은 실제와 다를 바 없이 느낀다.

방송 이미지가
선거를 결정한다

2012년 EBS에서 방영된 〈킹 메이커〉라는 다큐멘터리가 있다. 각국의 대선 전략과 모략을 다룬 이 다큐멘터리에서는 러시아 대선의 예가 소개되었다. 1996년 초 러시아 대통령 보리스 옐친Boris Nikolaevich Yeltsin은 재선을 노리고 있었다. 당시 옐친의 지지율은 6%에 불과했다. 실업률과 물가 상승률이 폭등하는 상황에서 인기가 좋을 리 없었다. 이 상태로는 재선에 성공한다는 것이 불가능했다. 한마디로 재선 가능성 제로였다. 그러나 옐친은 몇 달 뒤 54%의 지지율을 얻으며 결국 재선에 성공했다. 어떻게 이런 일이 벌어졌을까?

그가 재선하는 데에는 많은 돈을 주고 미국에서 데려온 세 명의 정치 컨설턴트들이 결정적인 역할을 했다. 이들은 방송 이미지 전략의 최고 전문가들이었다. 이들이 짜 준 전략대로 방송에 나가서 행동했더니, 점점 지지율이 오르면서 결국 승리의 기적을 이룬 것이다. 미국의 정치 컨설턴트들이 제시한 선거 전략은 이랬다. 구체적인 선거공약을 제시하지 말 것. 유세 대신 노래를 부르고, 연설 대신 춤을 출 것. 어차피 딱히 내세울 만한 정책도 없었던 옐친은 그들이 하라는 대로 방송에 나가 춤추고 노래했다. 그러자 고리타분한 이미지 대신 활기차고 재미있다는 이미지가 형성되면서 조금씩 지지율이 상승하기 시작했다.

옐친의 대권 경쟁자는 주가노프^{Gennady Zhuganov}라는 공산당 후보였다. 당시 러시아의 방송을 비롯한 언론은 대재벌 소유였다. 대재벌은 공산당이 집권하면 자신들이 가진 것을 잃게 되지 않을까 걱정했다. 그러므로 옐친을 지지했다. 정치 컨설턴트들은 이런 관계를 적극 이용했다. 현직 대통령으로서의 옐친의 권력을 적극 이용해 공산주의 시대의 잔혹성와 혹독한 삶을 그린 영화가 수시로 TV를 통해 방송되게 했다. 대중에게는 공산당에 대한 공포가 높아졌고, 이는 옐친의 당선으로 귀결되었다. 세 명의 정치 컨설턴트들은 그렇게 러시아의 선거판을 주물렀다.

우리나라도 예외는 아니다. 1980년대부터 우리나라 대선에도 미국 정치 컨설팅 회사들이 개입하기 시작했다. 1984년 미국 레이건 대통령의 재선을 이끈 정치 컨설턴트 에드 롤린스는 1987년 우리나라 대선에서 노태우 후보의 선거 전략을 짜 주었다고 밝힌 바 있다. 1997년 15대 대선에서는 김대중, 이회창 진영 모두 미국의 정치 컨설턴트를 불러들였다. 당시 신한국당 이회창 후보는 클린턴^{Bill Clinton} 후보 진영의 여론조사 전문가 더글러스 선을 영입했고, 새정치국민회의 김대중 후보는 데이빗 모리, 제리 카시디, 스티브 카스텔로 등의 선거 전략가들을 영입했다.

미국의 유명 정치 컨설팅업체들은 이런 식으로 자국의 정치판은 물론, 전 세계 여러 나라의 정치판을 주무른다. 과연 이래도 괜찮은 것일까? 국민들에게 선거는 '민주주의의 꽃'으로 여겨지지만, 정치 컨설턴트들에게 선거는 거대한 산업일 뿐이다. 그렇다고 완전히 '산업'만도 아니다. 미국 정치 컨설턴트들은 미국인으로서의 정체성과 정치적 당파성을 갖고 있고, 미국의 핵심 권력층과도 관계를 맺고 있다. 그들이 짠 선거 전략에도 이러한 당파성이 투영될 수밖에 없다. 이는 정치 컨설팅이 '선거 산업'으로서 경제적 이익에만 관련된 것이 아니라 실은 미국(핵심 세력)의 이익과 연관이 있으며, 그들의 당파성이 전 세계 여러 나라에 관철되는 과정이나 다름없다는 사실을 의미한다.

정치 컨설턴트에게 정치인은 하나의 상품이다. 정치인은 선거라는 체스 판에 세워진 말과 같다. 정치인은 정치 컨설턴트들이 짜 놓은 전략적 발언, 행동 등에 따라 연기를 한다. 유권자들은 미디어에 비친 정치인들의 연기, 그 이미지만 보고 투표를 한다. 언뜻 보기에, 유권자들이 주체적으로 자신이 원하는 후보를 선택하는 것처럼 보이지만, 실은 정치 컨설팅업체에 놀아나는 꼴이 된다. 이처럼 이미지 정치를 조작하는 정치 컨설팅 산업은 민주주의에 커다란 위협이 되고 있다.

정치인들의 방송 이미지가 선거 당락을 결정한다는 말은 방송국이 어떤 후보를 밀어 주느냐에 따라 당락이 결정된다는 의미이기도 하다. 방송은 선거에 공정하고 독립적이어야 한다. 방송국들도 그렇다고 말한다. 그러나 방송국 사장이 여권 핵심 권력의 외압에 의해 임명되거나 사퇴하는 경우가 많은 것도 사실이다. 특히 국민들에게 압도적인 영향력을 행사하는 공영방송의 경우는 더욱 그렇다. 그렇게 임명된 방송국 사장은 여권에 유리한 편파 보도를 유도하게 된다.

선거가 올바르게 치러지기 위해서는 후보자의 정책과 자질을 유권자들이 알 수 있어야 한다. 그러나 방송에 나오는 후보자들의 말과 행동은 포장된 이미지에 불과한 경우가 많다. TV만 봐서는 후보자들의 말과 행동이 진짜인지 가짜인지 알기 힘들다. 날카로운 정치적 식견과 혜안을 갖기 위한 유권자들의 노력이 요구되는 이유다.

광고와 프로그램 중 무엇이 방송의 본질일까?

우리는 TV를 볼 때 프로그램이 중심이고 광고는 부수적인 것이라고 여긴다. 그러나 과연 그럴까? 방송국의 주된 수익은 광고에서 나온다. 만약 모든 광고가 끊긴다면 방송국은 당장이라도 문을 닫게 될 것이다. 이는 프로그램이 아니라 광고가 방송의 본질이라는 사실을 말해 준다.

비유하자면, 방송은 여성 잡지와 같다. 여성 잡지는 말이 잡지이지 광고 전단지 묶음집이라 해도 과언이 아닐 정도로 광고 비중이 높다. 기사가 실려 있기는 하지만, 이는 광고를 보게 하기 위한 미끼에 불과하다. 방송 프로그램도 다르지 않다. 방송 프로그램들이 재미를 추구하는 이유는 단지 시청자들에게 즐거움을 주기 위한 데에 있지 않다. 결국 광고를 위한 것이다. 시청자들은 TV를 통해 스포츠나 연예인들의 입담, 노래, 춤, 연기를 구경할 때 마음의 경계를 늦춘다. 바로 이 순간이 상업적 메시지를 전달하기에 가장 좋은 때다. 경계를 늦추는 만큼 직접광고, 간접광고의 메시지를 자신도 모르는 사이에 받아들이기 때문이다. 각종 TV 프로그램들의 재미는 광고의 효과를 높이기 위한 장치다.

러시아 인형 중에 '마트료시카'라는 것이 있다. 마트료시카는 인형의 몸체를 분리하면, 그 안에 똑같은 모양의 좀 더 작은 인형이 들어 있고, 그 인형의 몸체를 분리하면 그 안에 똑같은 모양의 좀 더 작은 인형이 또 들어 있는 식으로, 한 인형 안에 여러 개의 인형이 들어 있는 구조로 되어 있다. TV 프로그램들이 그렇다. 우리가 한 개의 프로그램을 보기 위해서는 사전에 여러 개의 광고를 봐야 한다. (여기까지는 누구나 광고라는 사실을 알고 본다.)

그러다 본 프로그램이 시작되면 그 프로그램 안에도 광고가 존재한다. 프로그램 안에는 협찬 기업의 로고나 PPL 상품(간접광고 상품)이 등장한다. 그게 끝이 아니다. 거기에 출연하는 연예인들도 하나의 상품이다. 연예인들은 자신을 하나의 상품으로 생각하고 비싼 가격을 받기 위해 노력한다. 광고는 연예인들의 토크 속에도 있다. 연예인들은 각종 토크 쇼에서 자신이 낸 책, 자신이 출연한 드라마나 영화, 자신이 운영하는 식당 등을 언급한다. 이처럼 TV 프로그램들은 광고 속의 프로그램, 프로그램 속의 광고, 광고 속의 광고… 하는 식으로 만들어져 있다.

방송국은 광고주들이 광고를 게재할 만한 프로그램을 만들어 내야 한다. 그러기 위해서는 광고주들이 좋아할 법한 프로그램을 만들어야 한다. TV에 광고를 하려면 많은 돈이 든다. 중소기업은 그 돈을 내고 광고를 하기가 힘들다. 대기업 정도는 되어야 가능하다. 대기업은 자기 제품의 소비자가 될 수 있는 사람들이 좋아할 것 같은 프로그램에 광고를 준다. 방송국이 대기업의 (잠재적) 광고를 따내기 위해서는 대기업의 (잠재적) 소비자들을 대상으로 삼아 프로그램을 만들어야 한다. 반대로 말하면, 너무 가난해서 소비 능력이 없는 사람들을 위한 프로그램은 만들지 않는다는 말이다. 이는 결국 대기업이 광고를 통해서 방송 프로그램의 내용에 영향을 미친다는 사실을 의미한다.

방송국이 기업에 파는 것은 무엇일까?

기업이 TV에 광고를 하기 위해서는 방송국에 돈을 지불해야 한

다. 이때 기업이 방송국으로부터 산 것은 무엇일까? 광고를 내보낼 방송 시간? 흔히 그렇게 생각한다. 그러나 이는 단편적인 생각이다. 방송국이 기업에 '시간'을 팔 때, 그것은 '방송 시간'이 아니라 '시청자들의 시간'을 파는 것이다. 이런 생각은 논리적으로 타당하다. 왜냐하면 시청자들이 자기 시간을 들여 TV를 봐 주지 않는다면 아무 소용이 없기 때문이다. 그러면 기업은 방송국에서 '시간'을 살 이유가 없고, 방송국도 기업에 팔 것이 없게 된다.

방송국이 시청률에 연연하는 이유는 광고 때문이다. 방송국으로서는 시청률이 높으면 더 많은 광고를 딸 수 있고, 같은 광고 시간이라도 더 비싸게 팔 수 있다. 시청률은 시청자들의 시간을 의미하기도 하지만, 시청자들의 수를 의미하기도 한다. 그래서 댈러스 스마이드^{Dallas} Smythe 같은 커뮤니케이션 학자는 방송국이 기업에 파는 것은 '시청자들 그 자체'라고 말한다. 방송국이 시청자들을 상품으로 삼아 기업에 팔아 넘긴다는 말이다.

우리는 간혹 인기 있는 프로그램을 보면서, '뭔 광고가 이리 많아' 하고 짜증을 낼 때가 있다. 그 이유는 광고를 보는 행동이 '수고로움(노동)'처럼 느껴지기 때문이다. 이런 이유로 쩐쯔시엔陳志賢 같은 커뮤니케이션 학자는 방송국이 기업에 파는 것은 '시청자의 노동'이라고 말한다. 이는 스마이드의 견해보다 한 단계 더 나아간 것이다. 여기서 말하는 '시청자의 노동'에는 광고를 봐 준다는 의미만 들어 있는 것이 아니다.

주지하다시피, 광고는 시청자들로 하여금 물건을 사게 하는 것이 목적이다. 시청자들이 광고를 보고 물건을 많이 사려면 더 많은 일(노동)을 해서 돈을 벌어야 한다. 충실한 소비자로서의 역할을 다하기 위해서는 충실한 생산자(노동자)여야 한다는 뜻이다. 그렇게 보면 광고는 '시청자의 역량' 그 자체를 기업에 파는 것이나 다름없다. 생산자로서의 역량과 소비자로서의 역량 모두를 기업에 판다는 말이다.

　방송사가 판매하는 것이 시청자의 노동력이라고 할 때, 여기에는 세 가지 의미가 담겨 있다. 첫째, 시청하는 데 드는 노동력. 둘째 물건을 사는 데 드는 노동력. 셋째, 물건을 사기 위한 돈을 버는 데 드는 노동력이 바로 그것이다. 결국 사람들이 TV를 시청하면 광고회사와 방송국, 그리고 방송국의 고객인 기업을 위해 무급 노동을 하는 셈이 된다. 이런 점을 생각하면 KBS가 시청료를 거두어 가는 것은 명분이 없다. 이는 시청자들의 노동을 착취하면서, 이와 동시에 노동을 착취하는 대가로 시청자들에게 돈까지 걷어 가는 셈이니 말이다.

TV를 '바보상자'라고 부르는 이유

흔히 TV는 '바보상자'라 불린다. 이유가 무엇일까? 뇌파 연구자들에 따르면, TV를 볼 때 인간의 뇌는 수동적으로 반응할 뿐 적극적으로 활성화되지 않는다. 뇌파의 활동이 느려지고, 팔다리는 마비된 듯 움직임이 없다. 사람이 이렇게 움직이지 않고 오랫동안 가만히 있는 경우는 잠잘 때를 제외하면 TV를 시청할 때밖에 없다. TV를 보는 사람은 반응할 뿐 그 내용에 대해 적극적으로 생각하지 않는다. 우리는 TV 시청을 흔히 여가 '활동'이라 부른다. 그러나 이는 몸을 움직이지 않는다는 점에서, 그리고 뇌가 활성화되지 않는다는 점에서 여가 '수동성'에 가깝다.

TV도 지식과 정보를 제공하기는 한다. 그러나 여기에는 맥락이 없다. 프로그램과 프로그램은 서로 관계가 없다. 예를 들어 〈9시 뉴스〉와 〈6시 내 고향〉, 〈도전 골든벨〉은 서로 관련이 없다. 프로그램 안에서 제공되는 지식과 정보의 양도 너무 적고 체계적이지 않다. TV에서 제공되는 지식과 정보는 단편적이다. 그렇게 단편적인 지식과 정보로는 체계적인 생각을 갖기 힘들다. 사람이 똑똑해지기 위해서는 체계적인 생각이 있어야 한다. 그래야 이를 바탕으로 세상을 해석하는 것이 가능하다. TV를 보면서 아무리 많은 지식과 정보를 취해도 사람이 똑똑해지지 않는 이유가 여기에 있다.

방송국들이 시청률에 연연한다는 사실은 여러분들도 알 것이다. 시청률을 올리기 위해서는 부자거나, 가난하거나, 똑똑하거나, 그렇지 않거나, 나이가 많거나, 적거나, 야성적이거나, 얌전하거나 상관없이 모든 사람들을 TV 앞으로 끌어모아야 한다. 이를 위해 방송국이 취하는 일반적인 방법은 프로그램의 지적 수준을 최대한 낮게 잡는 '하향 평준화'이다.

실제로 사람들에게 인기가 높은 프로그램들을 관찰해 보면 그 내용이 쉽다. 심지어 성인 출연자들이 어린애처럼 행동하거나 누가 더 무식하고 바보 같은지를 경쟁하는 것처럼 보이는 프로그램들도 많다.

방송국이 가장 많이 신경 쓰는 것은 '재미'다. 그로 인해 모든 프로그램이 '예능화'된다. 흔히 생각하듯, 예능 프로그램만 재미를 추구하는 것이 아니라는 말이다. 프로그램을 '교양(교육)'과 '오락'으로 나누는 것은 사실상 의미가 없다. 심지어 뉴스나 다큐멘터리도 '사실성'으로 위장된 오락이고 쇼이다. TV에는 대학 교수라든가 지식인이 출연하는 경우도 있다. 그러나 이런 경우에도 윤리적 진지함이나 사회적 문제의식은 찾아볼 수 없다. TV에서 강조되는 것은 교양이나 지식보다는 (비)웃음을 유발할 만한 개인적 기질이나 특성이다. 그런 기질이나 특성을 가진 지식인들을 TV는 원하고, 그런 지식인들이 TV에 출연해 셀러브리티(유명 인사)로 거듭난다.

쿠데타 세력이 가장 먼저 방송국을 장악하는 이유

정치적 행위 중에 '쿠데타'라는 것이 있다. 일반적으로는 군부 세력이 무력으로 정치권력을 강탈하는 것을 말한다. 우리나라에서도 두 번의 쿠데타가 있었다. 1961년 박정희의 5·16 군사정변과 1979년 전두환과 노태우의 12·12 사태가 그것이다. 국민의 의사와 상관없이 정치권력을 힘으로 빼앗는 쿠데타는 말할 것도 없이 민주주의에 반하는 행위다. 그런데 쿠데타가 일어나면, 군부에 의해 가장 먼저 접수되는 곳이 방송국이다. 이유가 뭘까? 방송국이 국민을 통제하는 데 있어서 가장 중요한 기관이기 때문이다.

국민을 통제하기 위해서는 방송국을 먼저 통제해야 한다. 무엇보다 방송으로 자신들이 정부를 장악, 통제하고 있다는 사실을 전국에 알리는 것이 매우 중요하다. 이러한 사실이 방송으로 알려지면 쿠데타 세력의 권력 획득은 거부할 수 없는 현실, '이미 끝난 일'로 기정사실화된다. 또한 이들은 자신들의 정치적 행위를 '정당한 혁명'으로 미화해 선전할 수 있다. 방송을 통한 선전은 쿠데타에 반대하는 국민들을 진압하거나 사회적 저항을 무력화시키고 공무원들의 협조를 얻어 내는 데에도 큰 효과를 발휘한다.

만약 쿠데타 세력이 다른 주요 국가기관을 장악했다 하더라도 방송국을 장악하지 못했다고 가정해 보자. 어떤 일이 벌어질까? TV에서는 긴급 속보로 '현재 군부 내에서 쿠데타가 발생해 주요 국가기관과 산업 시설들을 장악해 나가고 있다'는 식의 보도가 나올 것이다. 이는 대중에게 '혁명'이 아니라 '반란'으로 인식된다. 따라서 쿠데타에 참여하지 않은 다른 군대와 경찰, 국민의 격렬한 저항에 부딪힐 수 있다. 내전 상황이 전개되는 것이다. 그러면 쿠데타가 실패할 확률은 당연히 높아진다. 아무리 쿠데타 세력에게 총이 있다 해도, 압도적 다수가 이에 반대하고 온몸으로 저항한다면, 쿠데타는 실패할 수밖에 없다.

쿠데타 세력이 권력을 장악하면, 다른 주요 국가기관들은 기껏해야 그 최고 책임자만 자기 하수인으로 바꾼다. 그러나 방송국은 다르다. 그들은 방송국의 고위 간부는 물론 하급 간부까지 자신들에게 비판적인 사람들은 내쫓고, 그 자리를 자기 사람들로 채운다. 그만큼 쿠데타 세력에게 방송 장악은 중요하다. 그래야 자신들에 대한 반대나 저항이 있더라도, 이를 은폐하거나 일정한 명분을 동원해 진압할 수 있다.

인
물

방송으로 떴다가 방송으로 망한 정치인

조지프 매카시

1950년 2월, 한 여성 단체 모임에서 공화당 상원의원 조지프 매카시^{Joseph} ^{Raymond McCarthy}는 이렇게 주장했다. "지금 국무부에는 205명의 공산당원이 있으며 그 명단을 내가 갖고 있다." 당시 미국은 민주당이 집권하고 있었으므로, 그것은 정치 공세처럼 보였다. 아무리 그래도 그렇지, 국가 체제를 전복시키려는 자들이 권력의 핵심부까지 침투해 있다니! 사람들은 깜짝 놀랐다. 무명의 초선 의원 매카시는 이 발언으로 뉴스 메이커로 급부상했다.

매카시의 발언은 매우 센세이셔널 했다. 사람들의 이목을 집중시키는 '센세이셔널리즘(선정주의)'은 본래 방송이 선호하는 것이었다. 게다가 그는 방송이 좋아하는 '그림'을 보여 주는 데 능숙했다. 그는 늘 서류 뭉치들을 보여 주면서, 공산주의자들이 사회 곳곳에 침투해 있다는 증거가 "내 손 안에 있다"고 외쳤다. 그는 사진, 복사물, 편지 등을 내밀며 숫자, 성명, 보고서의 페이지를 언급했다.

진위 여부에 상관없이 매카시만 방송에 나오면 시청률은 급등했다. 그럴수록 방송은 매카시를 더 집중 조명했고, 그의 대중적 인기와 영향력도 더 높아졌다. 방송과 매카시 사이에는 일종의 파트너십이 형성되었다. 여론을 등에 업고 권력자가 된 그는 한 걸음 더 나아가 자신을 스타로 만들어 준 신문·방송도 공격했다. 언론계에도 공산주의자들이 많으며, 그들이 자신에게 비호의적인 태도를 취한다고 공격한 것이다.

이에 언론계의 반격이 시작되었다. 1954년 3월 9일 CBS는 〈지금 봅시다(See It Now)〉라는 프로그램에서 '상원의원 조지프 매카시에 대한 보고서'를 방송했다. 방송은 매카시의 기만과 광기를 유감없이 폭로했고, 이를 본 대중은 그에게서 등을 돌리기 시작했다. 방송으로 떴던 매카시는 결국 방송으로 망했다. 그는 3년 후 알코올에 찌들어 사망했다.

TV 토론에서 '쇼'하고 대통령이 되다
로널드 레이건

1980년 뉴햄프셔 예비선거에서 로널드 레이건Ronald Wilson Reagan과 조지 H. W. 부시George Herbert Walker Bush는 TV 토론을 갖게 되었다. 공화당의 대통령 후보로 누가 더 나은지를 보여 주는 자리였다. 공화당에는 두 사람 외에도 다른 대통령 후보들이 더 있었다. 그러나 TV 토론은 선두 주자인 두 사람만

하기로 사전에 합의가 되어 있었다.

그러나 TV 토론이 시작될 무렵 레이건이 갑자기 이상한 요구를 하기 시작했다. 여기 다른 후보들이 와 있는 것 같은데, 그들도 토론에 참여하게 해 달라고 요구한 것이다. 레이건과의 토론만을 염두하고 준비해 온 부시에게 그의 주장이 달가울 리 없었다. 게다가 이러한 요구는 사전 합의를 깨는 것이 아닌가. 부시는 당연히 이에 반대했다.

그랬더니 레이건이 이러한 TV 토론은 민주주의 원칙에 어긋나는 것이라며, 이를 반대하는 부시를 맹비난하기 시작했다. 레이건의 돌발 행동으로 TV 토론을 정상적으로 진행하기 어렵다고 판단한 사회자는 레이건의 마이크를 끄라는 지시를 내렸다. 그러자 레이건은 성난 음성으로 "나는 이 마이크를 사용할 권리가 있다"고 외쳤다.

이 장면은 고스란히 TV로 생중계되었다. 이 해프닝이 있기 전까지 레이건은 부시보다 지지율이 낮았다. 그러나 이후 레이건의 지지율이 상승하기 시작했다. 모든 후보들의 토론 참여를 요구하는 레이건은 민주적인 인물로, 둘만의 토론을 고집했던 부시는 비민주적인 인물로 비춰졌기 때문이다.

사실 이 해프닝은 레이건 캠프의 전략적 '쇼'였다. 레이건은 부시 측 몰래 다른 후보들을 일방적으로 토론장에 초청해 놓고 갑자기 그들의 토론 참여를 요구했던 것이다. 그러나 시청자들로서는 둘만의 토론이 합의된 사항이었다는 사실을 알 리 없었다. 결국 이 해프닝 덕분에 레이건은 부시를 누르고 공화당 후보로 지명되었고, 그 후 대통령에 당선되었다.

3일 연속 PC 방에서 게임을 하던 타이완 30대가 숨졌다고

CNN이 19일(현지시간) 보도했다.

세(32) 씨는 지난 6일부터 남부 가오슝 후네이 지역에 있는

PC 방에서 게임을 시작했으며

3일 만인 8일 오전 의자 옆에 쓰러진 채로 발견됐다.

경찰 대변인인 제니퍼 우는 "그가 장시간 앉아 있으면서 피로가 쌓였다"며

"장 기능 상실로 사망한 것으로 보인다"고 밝혔다.

— 「3일 연속 PC 방서 게임하던 타이완 30대, 사망」 기사에서

키워드

5

게임

몸과 정신을 성장시키거나

파괴하거나

궁금한 이야기 하나

자존심을 위한 처절한 싸움

: 치킨 게임 :

언론에 자주 등장하는 말 가운데 '치킨 게임'이라는 것이 있다. '치킨 게임'
은 '누가 더 겁쟁이인가'를 가리는 담력 싸움이다. 담력 싸움을 '치킨 게임'
이라 하는 이유는 영어권에서는 닭이 겁이 많아 잘 도망가는 동물로 통하기
때문이다. 사실 닭이 다른 동물보다 특별히 겁이 많다고 볼 수는 없다. 우리
나라 전통 놀이였던 '투계(鬪鷄, 닭싸움)'를 생각해 보라. 닭도 용감할 때는 용
감하다. 그러나 영어권 사람들 눈에는 닭이 겁쟁이로 보이는 모양이다.
치킨 게임을 벌이는 방법은 다양하다. 몇 가지 예를 소개하면 이렇다. 우선
한밤중에 도로의 양쪽에서 두 명의 경쟁자가 자신의 차를 몰고 정면으로 돌
진하는 방식이 있다. 차가 정면충돌하는 것이 겁이 나 먼저 핸들을 꺾으면
진다. 지기 싫으면 그대로 돌진해야 하는데, 만약 둘 다 핸들을 꺾지 않으면
모두 사망할 확률이 높다.

108

또 다른 방법. 영화 〈이유 없는 반항〉에 나오는 방식이다. 두 경쟁자가 차를 몰고 동시에 절벽을 향해 질주하여, 누가 더 먼저, 절벽 가까이에서 차 밖으로 뛰어내리느냐로 승패를 겨룬다. 여기에는 중대한 역설이 존재한다. 상대방보다 먼저 절벽 가까이 도달하기 위해서는 더 빨리 차를 몰아야 한다. 그러나 주행속도가 높을수록 절벽으로 떨어져 죽을 확률도 높아진다.

영화 〈우리들의 일그러진 영웅〉에 나오는 방법도 있다. 두 사람이 달려오는 기차를 바라보고 철로에 나란히 누워 있다가 먼저 일어나는 쪽이 패배하는 게임이다. 이러한 게임들은 위험하고 무모하며, 공멸의 가능성이 높다는 공통점이 있다. 사실 치킨 게임은 이겨도 얻는 것이 적거나 거의 없다. 반면에 패배의 대가는 목숨을 잃을 정도로 치명적이다.

우리나라 언론에서는 북한 관련 뉴스에서 '치킨 게임'이라는 말이 자주 등장한다. 예를 들어 2010년 11월 23일 연평도 포격 이후 남한은 미국의 핵추진 항공모함 '조지 워싱턴호'까지 참여하는 사상 최대 규모의 한미 연합 훈련으로 화답했다. 이에 북한은 자신들의 영해를 침범하면 군사적 대응으로 맞서겠다고 재차 위협했다. 이때 언론들은 남과 북이 서로 극단적인 대결로 치닫는 것이 '치킨 게임 같다'고 평했다.

개인 간이나 국제정치에서나 치킨 게임의 주요 동력은 자존심과 모욕이다. 그러나 둘 사이에는 중요한 차이가 있다. 개인 간 치킨 게임에서 위험에 놓이는 건 참가자들뿐이다. 반면에 국가 간의 치킨 게임에서는 전 국민의 생명이 위태로워진다. 국인의 안전과 생명을 지키는 것은 위정자들의 의무다. 위정자들은 국가 간의 관계가 치킨 게임이 되지 않도록 평소 많은 노력을 기울여야 한다.

매스게임은 전체주의적이다

아마 '매스게임' 하면 가장 많이 생각나는 나라는 북한일 것이다. 북한의 매스게임은 규모나 기교면에서 세계 최고 수준을 자랑한다. 글자, 마크, 초상화는 물론 미사일이 날아가는 모습까지 정교하게 표현해 낸다. 그 장면을 보고 있으면 감탄이 절로 난다. 그러나 북한만 매스게임을 하는 것은 아니다. 매스게임은 올림픽 개회식이나 대기업 신입사원 합숙 훈련, 전국적인 종교 행사, 학교 운동회에서도 볼 수 있다.

매스게임을 하는 이유는 두 가지다. 첫째는 외적 과시로, 집단의 힘을 과시하기 위한 것이다. 봐 주는 사람들이 없다면 매스게임을 할 이유가 없다. 정작 여기에 참가하는 사람들은 자신이 만드는 그림을 볼 수 없다. 멀리 위에서 아래를 내려다보는 사람들만이 그 전체적인 그림을 감상할 수 있다. 매스게임을 감상하는 사람들은 관중과 그 집단의 지도자다. 이를 보는 관중은 그 장관에 압도된다. 그리고 지도자 역시 '이것 봐라. 이것이 우리의(나의) 조직이다' 하는 마음으로 자랑스러워하며 관중을 향해 자신과 자신의 조직을 과시한다.

둘째는 내적 결속이다. 한 사람, 한 사람의 움직임이 모여 거대한 그림을 완성해 가는 매스게임은 흔히 구성원들의 연대감을 높이는 데 도움을 준다. 실제로 매스게임을 잘 해내면, '우리는 하나'라는 느낌이 들기도 한다. 그러나 그 연대감은 구성원들 간에 직접적으로 형성되는 것이라기보다는 지휘자를 통해서 간접적으로 형성되는 것이다. 왜냐하면 지휘자의 명령에 고분고분 따라야 하는 매스게임의 특성상, 구성원들 간의 상호작용보다는 참여자와 지휘자의 관계가 더 중요하기 때문이다.

매스게임은 전체 구성원이 지도부에 의해 완벽하게 통제되고 있음을 보여주는 퍼포먼스다. 거기에는 전체만 있지, 개인은 없다. 완벽한 매스게임은 그 자체로 조직, 정확하게는 조직의 지도부에 대한 충성, 복종, 숭배를 구현한다. 완벽한 매스게임을 본 관중의 경탄 대상은 퍼포먼스에 머물지 않는다. 관중은 '얼마나 훌륭한 사람이기에 이렇게 많은 사람들이 자신을 희생하면서 그의 지휘 아래 움직이는가' 하는 마음을 갖게 되고, 이는 그 조직의 지도자에 대한 경탄으로 이어진다.

매스게임은 머리를 쓰는 기획자와 몸을 쓰는 실행자가 따로 있다. 기획자가 머릿속에 이미지와 메시지를 그린 뒤 이를 실행하도록 명령하면, 실행자들이 반복 훈련을 통해 이를 구현한다. 매스게임의 반복 훈련은 신체를 강력하게 통제하는 과정으로 이루어져 있다. 어떤 사람이 손가락 하나, 발가락 하나라도 잘못 움직이면 매스게임이 그리는 전체적인 그림을 망친다. 매스게임의 진짜 효용이 여기에 있다.

매스게임을 위해 장시간 반복 훈련을 하다 보면, 순종이 관성화된다. 지도

부는 매스게임의 동작을 구현하기 위해서만 구성원들을 통제하는 것이 아니다. 매스게임을 연습하는 과정은 시간 엄수, 규율 강요, 정신교육을 동반하게 된다. 그 과정을 통해 매스게임은 신체를 통제하는 것을 넘어 정신을 통제하는 효과를 갖는다. 매스게임은 훈련에 참여하는 사람은 물론 이를 구경하는 사람들의 정신에 영향을 미치기 위해 시행된다. 그런 측면에서 매스게임은 '전체주의적 퍼포먼스'라 할 수 있다.

최초의 운동 경기는
이렇게 시작되었다

스포츠의 뿌리는 원시시대의 사냥이다. 사냥을 잘하기 위해서는 여러 가지 신체적 능력이 필요했다. 달리기는 물론, 나뭇가지를 잘 휘두르고 돌을 잘 던져야 했으며, 돌화살도 잘 조준해야 했다. 필요하면 나무에 오르거나, 잘 매달릴 수 있어야 했고, 물고기를 잡으려면 수영에도 능해야 했다. 행동의 민첩성, 정확성, 지구력을 갖춘 사람은 유능한 사냥꾼으로 인정받았다.

경기를 통해 신체적 능력을 겨루기 시작한 것은 고대 그리스 때부터였다. 그리스인들은 민족의 주신(主神)인 제우스의 신전이 있던 올림피아 언덕에서 기원전 776년부터 4년마다 모든 폴리스(도시국가)가 참여하는 제전을 열었다. 이것이 현대 올림픽의 기원이 된 '고대 올림피아제전'이다. '고대 올림피아제전'은 제우스를 기리는 제사를 지낸 후 치러졌는데, 그리스인들은 이런 경기를 통해 제우스를 기쁘게 할 수 있다고 믿었다.

제전경기는 종교 의례였지만 내용은 다분히 군사적이었다. 종목은 달리기, 높이뛰기, 경보, 원반던지기, 창던지기, 레슬링, 권투, 전차

경주 등이었다. 이들 종목에 필요한 능력은 모두 전쟁에서 요긴하게 쓰이는 힘과 기술이었다. 제전에서 겨루는 것은 '어느 폴리스의 전투력이 가장 강한가'였다. 제전이 열리는 동안에는 전쟁을 금했기에 스포츠는 '평화의 제전'이라는 이미지를 얻게 되었다. 그러나 '전투력'이라는 것이 전쟁에 대비하는 능력임을 생각하면, 제전이 갖는 평화의 이미지는 아이러니한 면이 있다.

종교적인 것과 군사적인 것이 어떻게 그렇게 조화될 수 있는지 의아하게 여겨질지 모르겠다. 고대 국가들은 강력한 신의 관념이 지배하는 사회를 이루고 있었다. 고대 그리스도 마찬가지다. 당시에는 신에게 제사를 지내는 것과 국력(병사들의 전투력)을 신에게 보여 주는 일이 별개가 아니었다.

고대 그리스에는 종교와 분리된 독자적인 분야로서의 스포츠가 존재하지 않았다. 직업인으로서의 선수도 없었다. 이처럼 본래 스포츠 정신은 아마추어리즘에 뿌리박고 있었다. 그러나 경기가 대중적인 인기를 얻게 되고, 승리가 가져다주는 명예와 상금이 중시되면서 운동선수들은 많은 돈과 사치품을 제공하는 도시로 고용되어 나갔다. 직업적인 운동선수들이 생겨난 것이다.

프로페셔널리즘으로 변하는 스포츠에 대한 비판은 그때 이미 있었다. 예를 들어 히포크라테스Hippocrates 이후 최고의 그리스 의사였던 갈레노스Claudios Galenos는 이렇게 말했다. "운동선수들은 정신적 축복이 결여되어 있다. 그들은 모든 것에 존재하는 중용을 제시하는 건강에 관한 오랜 규정을 무시한 채 지나치게 운동하고, 과식하며 자신의 삶을 낭비하고 있다." 그는 운동이란 몸과 정신의 균형과 조화, 그리고 아름다움을 추구하는 데 그쳐야 한다고 보았다. 이런 그의 비판은 지금도 되새겨 볼 만하다.

학교 운동회는
군사주의의 산물이다

학교 운동회도 고대 그리스의 '고대 올림피아제전'과 비슷하다. 물론 지금의 학교 운동회는 종교 행사와는 관련이 없다. 그러나 국가 의례적 성격은 여전히 갖고 있다. 우선 전교생이 도열한 채 진행되는 개회식 국민의례(국기에 대한 경례, 호국 선열에 대한 묵념, 애국가 제창)가 운동회의 국가 의례적 성격을 잘 보여 준다.

만국기를 걸어 놓는 것도 그렇다. 만국기는 흔히 생각하듯 축제 분위기 연출용만은 아니다. 단지 분위기를 떠우기 위한 것이라면 반드시 만국기를 걸어야 할 이유는 없을 것이다. 만국기는 본래 국제 행사에 많이 걸려 있다. 국제 행사도 아닌데, 학교 운동회에서 만국기를 거는 이유는 무엇일까? '고대 올림피아제전'에서 보듯, 본래 스포츠가 '국가 간의 경쟁'에서 탄생했기 때문이다.

운동회는 우리나라 학생들이 다른 어느 나라 학생들과 비교해도 뒤지지 않는 체력(전투력)을 갖고 있음을 보여 주는 행사다. 이를 증명하기 위해서는 전 세계 학생들을 불러 모으고, 그들과 겨루어 이기는 모습을 연출해야 한다. 그러나 현실적으로 그들을 불러 모은다는 것은 불

가능하다. 그래서 만국기를 대신 걸어 놓는다. 만국기는 각국의 학생들을 의미한다.

운동회는 군사적 성격을 갖고 있다. 청군·백군이라는 용어, 구령에 맞춰 일사불란한 절도를 보여 주는 매스게임, 개선문을 본뜬 용진문, 전쟁을 방불케 하는 차전놀이나 기마전은 운동회가 군사적 성격을 갖고 있음을 알려 준다. 학생들(특히 남학생들)은 미래의 군인이다. 학생들의 체력은 전장에서의 전투력이다. 전투력은 국력의 우월성을 상징한다.

운동회는 단순히 개인의 신체적 능력을 겨루는 축제가 아니다. 운동회에서 중요한 것은 개인이 아니라 집단이다. 100미터 달리기나 높이뛰기 같은 개인전이라 하더라도, 여기에서의 승리는 개인적 명예를 얻기 위한 것이 아니다. 운동회에서 개인은 집단의 대표로서, 집단의 명예를 위해 싸운다. 운동회가 개인보다 집단을 강조하는 이유는 전투력의 기본 단위가 집단이기 때문이다. 운동회는 학생들이 지금 당장 징집되어도 충분히 한 명의 군인 몫을 해낼 수 있음을, 외국의 어떤 군대와 맞붙어도 이길 수 있는 체력이 있음을 보여 주는 장이다. 운동회의 뿌리가 군사주의에 있다는 사실은 씁쓸한 일이 아닐 수 없다.

컴퓨터게임을 하면
공격성이 높아진다

'외상 후 스트레스 장애(PTSD)'라는 질병이 있다. 참전 용사들이 많이 앓는 병이다. 전쟁터에서 그들은 생사를 넘나드는 극한의 공포를 체험하고, 끔찍한 광경들을 목도한다. 그들의 뇌는 이러한 공포를 각인하고, 이 때문에 전쟁터에서 돌아온 후에도 평온한 일상에 적응하기 힘들게 된다.

그들은 공격성 호르몬이 늘 충만한 상태에 있고 충동 조절도 잘 안 되어, 쉽게 자제력을 잃고 폭력성을 드러낸다. 그냥 받아넘길 수 있는 가벼운 말에도 갑자기 화를 내며 폭력을 휘두르곤 한다. 예를 들어 자동차 엔진 소리 또는 폭죽 소리를 들었을 때, 이를 폭탄이나 지뢰 터지는 소리로 여기면서 공포와 불안에 사로잡힌다. 전쟁을 연상시키는 상황이 전개되면 심리적 공황 상태에 빠지는 것이다.

컴퓨터게임도 비슷한 증상을 낳는다. 실제로 밀리터리 게임의 광적 유저를 자처하는 사람들이 이런 감정을 느끼고 적은 글을 인터넷에서는 쉽게 찾아볼 수 있다. "가끔 느끼는 건데 길거리에서 운전하다 보면 차 몰고 가는 녀석들 모조리 갈겨 버리고 싶을 때가 한두 번이 아니다."라거나, "저와 생각이 다른 것들을 보면 칼을 꺼내 ○○고 싶은 충동이 있습니다. 동지군요?"라는 글이 그것이다.

컴퓨터 그래픽 기술의 발달로 게임들은 높은 실감을 선사한다. 실전을 방불케 하는 시청각적 생동감, 빠른 조작 반응속도는 현실과 허구를 구분하기 어렵게 한다. 이는 끔찍한 사고를 유발시키기도 한다. 2010년에는 밤새 폭력 게임을 하던 20대가 살인 충동을 이기지 못하고 흉기로 행인을 찔러 살해한 일이 있었다. 일본에서도 격투 게임에 빠진 중학생이 게임에서 사용하는 기술이 실제로 얼마나 효과가 있는지 확인해 보겠다며 폭력을 휘둘렀다.

게임에서 폭력은 정당한 행위, 불가피한 행위, 재미있는 행위로 묘사된다. 게임의 내용은 폭력적인 방식으로 문제를 해결하거나 성과를 올리는 식이다. 그래서 게이머들은 그것을 흉내 내는 데 부담을 느끼지 않게 된다. 게임을 통해 폭력에 대한 경계심은 쉽게 붕괴된다. 게임이 단지 게임에 불과하다고 생각하면 안 된다. 게임들이 폭력을 학습시키는 시뮬레이션 기능을 하고 있다는 점은 부인하기 어렵다.

컴퓨터게임이
뇌에 미치는 영향

컴퓨터게임을 해 본 사람이면 알 것이다. 게임을 오래하면 정신이 멍해진다는 것을. 게임하는 동안에만 그런 것이 아니다. 게임을 끝낸 후에도 멍한 상태가 상당 시간 지속된다. 거기에는 이유가 있다. 게임을 오래하면 전전두엽 피질이 활성화되지 않고, 해마가 위축되기 때문이다. 전전두엽 피질은 단기 기억과 집중력을 관장하고, 해마는 장기 기억과 감정적인 행동 등을 조절한다.

컴퓨터게임이 뇌에 미치는 영향은 크다. 뇌 과학자들에 따르면, 게임을 많이 하면 기억력과 집중력이 나빠진다. 심한 경우, '약년성(若年性) 치매'에 걸릴 수 있다. 게다가 우리의 뇌 구조는 고정되어 있지 않고, 주어진 임무에 따라 끊임없이 변화한다. 컴퓨터게임은 자극적이다. 그리고 반복적으로 도구를 강도 높게 사용하는 행위를 요구한다. 이런 행위는 뇌 구조마저도 변화시킨다.

컴퓨터게임을 많이 하면 실제 사건이나 현실도 게임처럼 사고하게 된다. 예를 들어 2007년 재미교포 조승희에 의해 버지니아공대 총기 난사 사건이 터졌을 때, 게이머들은 인터넷에 이런 댓글을 남겼다. "32킬 29양념 1데쓰. 그의 실력이 마냥 부럽다는." 여기에는 참사에 대한 정서적 공감대는 물론, 인간 생명의 존엄에 대한 감수성이 전혀 없다. 게임에서처럼 사물화된 대상만이 있을 뿐이다.

우리는 긴급 상황에 놓이면 혈압이 높아지고, 심박 수가 증가하며, 동공이 벌어지고, 열이 난다. 컴퓨터게임에서 위기 상황은 반복적으로 연출된다. 컴퓨터게임은 현실이 아니다. 그러나 가상일망정, 워낙 실감나게 만들어진 까닭에 게임을 하다 보면 점점 스트레스를 받는다. 컴퓨터게임들은 회를 거듭할수록 점점 더 어려운 미션을 수행하게끔 되어 있다. 게이머들은 이 미션을 성공시킴으로써 성취감과 더불어 '내가 살아 있다'는 희열감을 느낀다. 이를 통해 스트레스가 해소되는 느낌을 받는다.

그러나 이것도 게임을 짧게 할 때의 이야기다. 게임이 만들어 내는 긴급 상황에 자신을 장시간 노출시키면, 오히려 스트레스가 증가한다. 스트레스 상황이 지속되면 우울 상태나 무기력증에 빠질 수 있고, 신경계나 호르몬계에 영향을 줘 면역 기능이 저하될 수도 있다. 고강도 게임은 혈액순환을 나쁘게 하고 혈당치를 높인다. 그로 인해 협심증, 허혈성 뇌졸중, 당뇨병에도 걸릴 수 있다. 장시간 컴퓨터게임을 하는 것은 정신적, 심리적, 육체적으로 많은 문제를 불러일으킨다.

모든 아동에게는
놀 권리가 있다

컴퓨터게임에 빠져 있는 우리 아이들에게 어른들은 말한다. 게임 그만하고 공부나 하라고. 밖에 나가 친구와 놀고 오라는 부모는 거의 없다. 게다가 나가 봤자 친구들도 모두 학원에 가 있으니, 놀 사람을 찾을 수도 없다. 하지만 아동에게는 '놀 권리'가 있다. 그런데 아동은 물론, 학부모나 교사들도 아동에게 이런 권리가 있다는 사실을 모르는 경우가 많다. 국제기구들이 '아동의 놀 권리'를 주장한 지는 오래되었다. 그 역사는 벌써 90년이 넘었다.

'아동의 놀 권리'에 대한 최초의 국제 규정은 1922년 영국의 국제아동기금단체연합이 발표한 '세계아동헌장'이다. 헌장 제25조는 "아동들이 방과 후에 놀 수 있도록 학교에 놀이터를 제공할 것"을 명시했다. 1959년 국제연합총회에서 채택된 '국제연합아동권리선언'에는 "놀이 및 레크리에이션은 교육과 동일하게 다루어져야 하며, 사회 및 공공기관은 아동의 놀 권리 향유를 추진하기 위해 노력하여야 한다"고 규정되어 있다. 아동의 놀이를 위한 국제 협회는 1977년 얄타 회의에서 '아동의 놀 권리 선언'을 발표했다. 1989년 발효된 국제연합아동권리협약 제31조 역시 연령에 적합한 놀이와 오락 활동에 참여할 수 있는 아동의 권리를 인정할 것을 촉구하며, 적절하고 균등한 놀이 기회를 제공할 것을 규정했다.

그럼에도 불구하고 우리나라 아동들은 사실상 '놀 권리'를 누리지 못하고 있다. 가장 큰 이유는 말할 것도 없이 치열한 입시 경쟁 때문이다. 많은 숙제, 과외, 학원 때문에 놀 시간도 없고, 놀 친구도 없다. 나아가 모여 놀 공간도 별로 없다. 청소년들은 공부하는 존재로만 규정되기 때문에 정부나 지방자치단체들은 청소년을 위한 문화 공간 자체를 만들지 않는다. 아이들이 컴퓨터게임이나 휴대전화 채팅에 몰두하는 것도 이런 이유 때문이다.

사람들은 놀이를 공부와 반대 개념으로 이해한다. 그래서 아이들에게 놀 시간을 허락하지 않는다. 그러나 공부를 시험 점수 따는 것에 국한시키지 않는다면, 놀이와 공부는 결코 반대 개념이 아니다. 아이들은 놀면서 많은 것을 배운다. 김명순 연세대 교수는 "아이에게 놀이를 뺏는 것은 세상을 배우는 기회를 앗아 가는 것"이라고 말한 바 있다. 아이들의 성장에 놀이는 중요하다. 아이들은 놀이를 통해 타자와 관계 맺는 법을 배운다. 사회성과 문제 해결 능력도 노는 과정을 통해 생긴다.

'셧다운제'를 둘러싼 논란들

2011년에 도입된 '셧다운제'는 청소년의 게임 중독을 막기 위해 자정부터 오전 6시까지 16세 미만 청소년의 인터넷 게임 접속을 차단하는 것을 내용으로 한다. 이 제도는 처음부터 논란이 많았다. 대표적인 논란은 네 가지다.

첫째, 심야 시간에 청소년들의 게임 접속을 차단하는 것이 실제로 효과가 있느냐 하는 실효성 논란이다. 셧다운제가 있어도 청소년이 게임할 수 있는 방법은 많다. 부모의 주민등록번호를 도용하거나, 스마트폰 게임, 외국 서버의 게임을 하면 된다. 실제로 셧다운제는 별 효과가 없는 것으로 판명되고 있다.

둘째, 그런 규제가 옳은지에 대한 도덕적 논란이다. 주로 인권 단체들의 주장으로, 그들은 셧다운제가 청소년의 '자기 결정권'을 침해한다고 말한다. 이에 대해 셧다운제를 찬성하는 사람들은 '게임에 중독된 청소년이 과연 자기 결정권을 행사할 수 있겠는가'라고 반문한다. 그러면 인권 단체들은 셧다운제는 '게임에 중독된 청소년'이 아니라 '불특정 다수의 청소년들'을 '규제받아야 할 비행 집단'으로 취급하는 제도라며 맞선다.

좀 더 섬세한 주장도 있다. 청소년의 인권은 존중되어야 하지만, 셧다운제 같은 경우에는 청소년의 '자기 결정권'이 자칫 게임업체의 돈벌이에 악용될 수 있으므로 신중해야 한다는 주장이다. 이 말도 일리가 있다. 실제로 게임업체들은 청소년의 인권을 생각해서가 아니라, 자신들의 경제적 이익을 위해 청소년의 '자기 결정권'을 반론의 명분으로 삼는다.

셋째, 규제하는 행위에 대한 논란이다. '게임 행위' 자체는 불법도 아니고 죄도 아니다. 그런데도 셧다운제는 그 '게임 행위'를 규제한다. 초점이 '게임 중독'에 맞춰져야 하는데, '게임 행위'를 규제하는 것은 취지에 어긋난다는 주장이다. 정부는 게임을 규제하려고만 하지, 게임 중독을 예방하고 치료하는 데 대한 지원은 매우 미흡하다. 그런 점에서 이런 주장은 설득력이 있다.

넷째, 규제 대상에 대한 논란이다. 진짜로 게임 중독을 염려하는 것이라면 왜 중학생 이하의 청소년에게만 적용되어야 하느냐 하는 문제 제기다. 고교생이나 성인도 게임 중독의 예외가 아니라는 점에서 이 논란도 유효하다. 실제로 고교생과 성인 가운데 학업이나 직업을 유지하는 데 방해가 될 정도로 게임에 중독된 사람을 어렵지 않게 찾아볼 수 있다. 명목은 게임 중독을 막는 것이지만, 실제로는 만만한 청소년 통제에만 집중하는 것 아니냐는 비판이다.

게임 중독법에 빠져 있는 것

'게임 중독법'의 정식 명칭은 '중독 예방 · 관리 및 치료를 위한 법률안'
이다. 게임을 마약 · 도박 · 알코올과 함께 '4대 중독'으로 규정, 관리하
는 것을 내용으로 한다. 주된 초점이 게임에 맞춰져 있어 흔히 '게임 중
독법'이라 부른다. 이 법률안은 2013년 6월 상정되었다가, 2016년 5월
19대 국회 임기 만료와 함께 자동 폐기되었다. 폐기되기는 했지만, 이
는 게임 중독에 대한 우리 사회의 시각을 다각적으로 보여 준다.

　게임 중독에 대한 논의는 많다. 그러나 안타깝게도 우리 사회는
'게임 중독의 기준'에 대해 아직 합의된 바가 없다. 게임업계는 '게임 중
독'이라는 말 자체를 인정하지 않는다. 대신 '과몰입'이라는 말을 쓴다.
'게임 중독이라는 말을 쓸 것인가, 말 것인가', '어디까지를 게임 중독으
로 볼 것인가'에 대해 정치권, 의료계, 게임업계의 이해관계는 서로 다
르다.

　정치권으로서는 신중한 줄타기가 요구된다. 국가 경제에서 게임
산업이 차지하는 비중이 커진 만큼 함부로 규제의 칼을 내밀 수도 없
다. 그렇다고 자식이 게임에 빠져 생겨나는 문제들과 그로 인한 학부모
들의 불만을 모른 척할 수도 없다. 선거에서 학부모들의 표를 얻는 문
제는 정치권의 가장 중요한 과제 중 하나다. 많은 학부모들이 게임 때
문에 자식과 실랑이하는 일이 잦은 상황에서 게임 규제는 정치권에 가
장 큰 유혹으로 다가올 수밖에 없다.

게임 중독이라는 말을 쓸 수 있고, 그것을 규정하는 범주가 넓을 수록 의료계는 이익이다. 환자로 규정되는 사람들이 많아지기 때문이다. 반면에 이렇게 되면 게임업계는 손해다. 여러 규제와 매출 감소를 감수해야 한다. 이에 맞서는 게임업계의 논리는 '게임 산업의 국가 경쟁력'이다. 미국, 일본과 함께 세계 최고 수준인 우리나라 게임 산업을 지원해 주지는 못할망정, 방해해서는 안 된다는 주장이다.

셧다운제도 그렇지만, 이러한 논란들에는 가장 중요한 것이 빠져 있다. 청소년의 정신 건강에 대한 '진짜 관심'이다. 청소년의 정신 건강을 명분으로 삼지만, 서로의 이해관계 속에서 그에 대한 진짜 관심은 사라지는 아이러니가 발생하고 있다. 셧다운제와 게임 중독법은 언뜻 보면 정치권이 게임 중독에 대응해 성실하게 노력하고 있는 것처럼 보이게 한다. 그러나 실은 안이하기 짝이 없는 정책이다.

진짜 청소년의 게임 중독이 걱정된다면, 청소년이 게임에 빠질 수밖에 없는 사회 환경을 개선하는 데 매진해야 한다. 그것이 관건이다. 과도한 입시 경쟁에 지친 학생들의 스트레스를 완화해 주고, 게임업체들로 하여금 폭력적이고 선정적인 게임 개발을 자제하도록 유도해야 한다. 그리고 컴퓨터게임에 대해 객관적으로 인식할 수 있도록 다양한 지식과 정보를 제공하여 청소년이 자율적으로 게임을 통제할 수 있게 도와주어야 한다. 그러면 게임 중독은 크게 줄어들 것이다.

책

인류의 문화는 모두 놀이다
요한 하위징아의 『호모루덴스』

요한 하위징아^{Johan Huizinga}는 네덜란드의 역사가이자 문화학자다. '호모루덴스'는 '놀이하는 인간'이라는 뜻이다. 1938년에 발간된 이 책은 놀이에 관한 가장 유명한 책이라 할 수 있다. 이 책의 메시지를 한마디로 요약하자면, '인류의 문화는 모두 놀이'라는 것이다. 하위징아는 스포츠, 공연, 예술 창작은 물론이고, 학문, 신화, 종교나 정치 의례, 축제, 재판, 연애, 심지어 전쟁까지도 놀이로 본다.

스포츠, 공연, 축제, 예술 창작이 놀이에 가깝다는 것은 어렵지 않게 동의할 수 있다. 그런데 종교나 정치 의례, 재판, 전쟁도 놀이로 볼 수 있는지에 대해서는 의문이 있을 수 있다. 이런 행위들은 매우 심각하고 엄숙하게 진행되며, 그 결과로 인간의 목숨이 왔다 갔다 하는 일이 많기 때문이다. 하지만 이런 행위들도 경쟁, 공연, 과시, 치장, 겉치레, 우쭐거림, 구속력을 갖춘 일정한 규칙을 갖는다. 이는 엄연히 놀이의 요소다.

전쟁을 예로 들어 보자. 존 키건의 『세계 전쟁사』에는 이런 이야기가 나온다. 송나라가 벌인 전쟁에서 일어난 일이다. 왕자가 화살을 메긴 적병과 맞닥뜨렸다. 적병은 화살을 쏘았으나 빗나가자, 재빨리 왕자보다 먼저 또 다른 화살을 메겼다. 그러자 왕자가 말했다. "네가 나에게도 기회를 주지 않으면, 너는 소인이다." 이 말을 들은 적병은 왕자에게 기회를 주었고, 그가 쏜 화살에 맞아 죽었다. 옛 전사들에게는 게임의 룰을 지키는 것이 승패보다 중요한 요소였다.

하위징아는 '질서를 지킨 전쟁은 놀이'라고 했다. 아즈텍인들은 전쟁을 할 때 양측에서 동일한 수의 뛰어난 전사가 나와 백병전을 벌였다. 승부가 나지 않으면 점점 전사의 수와 사용할 수 있는 무기의 종류를 늘려 나갔다. 이러한 전쟁놀이에서는 상대를 죽이는 것이 목적이 아니었다. 목적은 놀이에 있었다. 설사 상대가 죽더라도 그것은 운이 나빠서 생긴 과실이었다.

놀이는 어린애 장난처럼 진지하지 않을 수 있다. 그러나 진지할 수도 있다. 무대에서 심각한 연기를 하는 배우는 진지하다. 연기는 가짜지만, 그는 진짜처럼 소리를 지르고 울고 웃는다. 이 장면을 지켜보는 관객들 역시 진지하다. 종교 의식을 행하는 교황은 어떤가. 화려한 옷을 입고, 장엄한 음악을 배경으로 등장해 예수의 몸이라며 성체 빵을 신자들의 입속에 넣어 준다. 이 역시 연극적 요소가 다분하다.

타인에 대한 신체 구속력이나 목숨을 담보로 하는 재판을 진행하는 재판정 풍경도 마찬가지다. 단상 위, 키 높은 의자에 법복을 입고 앉아 있는 판사는 위엄 있는 말투로 재판을 진행한다. 게임의 룰은 정확하게 지켜져야 하고, 거기에 조금이라도 어긋나는 행위는 제지된다. 그 룰 속에서 검사, 변호사,

피의자, 증인 등은 각자 자신이 맡은 역할극을 해 나간다. 재판정에서 벌어지는 논쟁과 법리 다툼, 그 결과로 승패가 결정지어지는 과정 역시 놀이 요소가 다분하다.

놀이는 인간만 하는 것이 아니다. 집에서 키우는 강아지나 고양이를 관찰해 보면, 동물들도 노는 것을 좋아한다는 사실을 알 수 있다. 그러나 차이는 있다. 강아지나 고양이는 자신이 논다는 사실을 모른다. 반면에 인간은 자신이 논다는 사실을 안다. 그런데도 진지하다. 그런 면에서 놀이의 개념은 진지함보다 높은 질서에 속한다. 진지함은 놀이를 전혀 허용하지 않지만, 놀이는 진지함을 적절히 포괄한다.

도덕성에 가장 위협적인 요인을 말하라고 한다면

나는 주저 없이 광고라고 말할 것이다.

언어의 품위를 떨어뜨리고,

사고를 고갈시키며,

존엄성을 파괴하는 광고의 힘을 어느 것에 비교할 것인가?

— 로버트 하일브로너, 『몰락하는 비즈니스 문명(Business Civilization in Decline)』에서

6

광고

상업적 메시지로
뒤덮인 세상

광고 같지 않은 광고

: 네이티브 광고 :

'네이티브 광고(native advertising)'란 콘텐츠와 광고가 교묘하게 섞인 형식의 광고를 말한다. 그런 까닭에 어디까지가 콘텐츠이고 어디까지가 광고인지 구분하기 어렵다. 네이티브 광고는 수용자가 의식하지 못하는 사이 은밀하게 상업적 메시지를 머릿속에 각인시킨다.

'기사형 광고'라는 것이 있다. 기사 모양으로 생긴 광고인데, 주로 상품에 대한 설명이 기사처럼 쓰여 있고, 글의 끝부분에 제품을 주문할 수 있는 전화번호가 적혀 있다. 헷갈리기는 하지만, 자세히 보면 광고라는 사실을 알 수는 있다.

그러나 '네이티브 광고'는 기사형 광고와도 다르다. 일반 기사와 똑같이 배치되어 있고, 기사 끝에 글을 쓴 기자 이름도 적혀 있다. 기사 형식도 일반 기사와 유사한 데다, 기사가 끝난 뒤 조그맣게 협찬 업체명을 적어 놓는 경우도 있지만, 안 적는 경우도 있다. 안 적으면 독자는 광고인지 아닌지 알 도리가 없다. 네이티브 광고는 새로운 형태의 수입원으로 여겨지면서 언론 사들의 호응을 얻고 있다. 그러나 이는 저널리즘과 광고의 경계를 무너뜨리는 결과를 낳고 있다.

우리가 흔히 보는 피피엘(PPL)도 네이티브 광고의 하나다. 본래 피피엘은 'product placement'의 약자로, 영화나 드라마에서 각 장면에 사용될 소품을 적절한 장소에 놓아두는 것을 의미했다. 그러나 지금은 '상품 간접광고'를 일컫는다. 예컨대 드라마에 등장하는 물건들은 대부분 기업에서 돈을 받고 노출된 광고 제품이다.

간접광고는 스토리 전개에 필요한 상품을 화면에 등장시키는 것에 그치지 않는다. 오히려 스토리에 영향을 준다. 오늘날 드라마는 특정 상품이나 업체의 로고를 등장시키기 위해 스토리가 새롭게 만들어지는 지경에 이르렀다. 얼마나 많은 협찬 상품을, 얼마나 자연스럽게 노출시키는가는 작가와 연출자의 주된 능력 중 하나가 되었다. 요즘 드라마들은 '스토리가 있는 광고'에 가깝다.

대중을 움직이는 흥행 코드

: 광고의 3B 법칙 :

'3B'는 미녀(Beauty), 동물(Beast), 아기(Baby)를 의미한다. '광고의 3B 법칙'은 이 셋 중 하나만 등장시켜도 성공적인 광고를 만들 수 있다는 말이다. 실제로 광고나 TV 프로그램들 중에는 미녀, 동물, 아기를 등장시켜 인기를 끈 경우가 많다.

광고들은 인간의 원초적인 욕망을 자극함으로써 시선 끌기에 성공한다. 그 대표적인 것이 미녀를 등장시키는 광고다. 성적 매력을 갖춘 미녀는 당연히 남자들의 시선을 끈다.

여기서 질문 하나. 인구의 절반은 여성인데, 왜 미남은 빠져 있을까? 물론 미남도 광고에 자주 등장한다. 그러나 미녀만큼 비중이 크지는 않다. 이유는 가부장적 사회구조 때문이다. 이런 구조에서는 여성도 미녀를 보면 '나도 저 여자처럼 남자들에게 사랑받는 여자가 되고 싶다'는 선망의 눈으로

134

주목하게 된다.

아기는 남자 어른에게는 부성애를, 여자 어른에게는 모성애를 불러일으킨다. 이는 청소년에게도 마찬가지다. 아기의 토실토실한 뺨, 앙증맞은 몸짓, 부드러운 피부는 보호 본능을 불러일으키기에 충분하다. 세상에 아기에게 적대적인 감정을 갖는 사람은 없다. 아기는 모든 사람들에게 긍정적인 반응을 불러일으킨다. 광고는 이를 적극 이용한다.

인간은 예부터 다른 동물에게 관심이 많았다. 인류는 생존하기 위해 다른 동물을 두려워하거나, 보살피거나, 이용하거나, 교감했다. 요즘은 애완동물을 기르는 사람들도 많다. 그런 사람들은 당연히 동물 광고에 민감하게 반응할 것이다.

물론 동물에게 무관심한 사람도 있다. 그러나 광고에 등장하는 동물은 야생 그대로의 동물이 아니라 '인간화된 동물'이다. 이런 동물들은 인간적인 특징을 드러낸다. 광고는 동물의 야생성과 인간적인 개성을 결합해 매혹적인 이미지를 만들어 낸다.

우리는 광고의
융단폭격 속에 산다

시골 사람이 대도시에 오면 '너무 번잡해서 정신이 없다'고 말하
곤 한다. 고층 빌딩, 자동차, 사람이 많은 대도시는 당연히 번잡할 수밖
에 없다. 그러나 시골 사람들이 이렇게 말하는 데에는 다른 이유도 있
는데, 이는 바로 엄청난 물량의 '광고' 때문이다. 잘 알다시피, 광고는
사람의 주의를 끄는 것이 목적이다. 그 목적을 위해 자극적인 색채와
이미지, 문구들을 사용한다. 그런 광고물의 범람은 시골 사람들에게 상
당한 정신적 피로감을 안겨준다.

광고가 있는 곳들은 매우 입체적이다. 우선 지상을 보자. 지상의
카페, 술집, 쇼핑몰, 버스 정류장, 기차역, 번화가 등 사람들이 모일 만
한 곳에는 모두 광고가 있다. 지하는 어떤가. 거미줄처럼 뻗어 나간 지
하철과 지하상가 역시 거대한 광고 통로나 다름없다. 광고는 심지어 하
늘에도 있다. 대형 애드벌룬이 떠 있는 하늘 아래에서 사람들은 축제를
즐기거나 스포츠 경기를 관람한다. 고속도로가 지나가는 산마루에 대
형 광고판이 설치되어 있는 경우도 있고, 고층 빌딩의 전광판에도 형형

색색의 광고가 번쩍인다.

광고는 고정되어 있는 것만도 아니다. 심지어 움직이는 광고도 있다. 택시나 버스, 전동차 내부와 외부에 도배된 광고가 그렇다. 택시, 버스, 전동차는 교통수단이기만 한 것이 아니라 그 자체로 광고판이기도 하다. 심지어 보통 소비자들도 움직이는 광고판 역할을 한다. 이를테면 쇼핑백이나 옷에는 기업의 로고나 광고 문구가 크게 새겨져 있는 경우가 많은데, 그것을 들거나 입고 다니는 사람은 자신도 모르는 사이에 거리의 샌드위치맨 역할을 한다. 그럴 때 사람들은 소비자이면서 기업의 홍보맨 역할을 동시에 하고 있는 것이다.

광고는 우리가 전혀 의식하지 않는 곳에도 붙어 있다. 엘리베이터 문짝, 공항 검색대 바구니, 대형 마트의 카트, 여객기 식판, 지하철 개찰구 등이 그렇다. 사람들의 시선이 가닿을 만한 곳이면 어김없이 광고가 있다. 그리고 그 광고들은 시선과 주의를 약탈하는 데 성공한다. 광고는 집 바깥에만 있는 것도 아니다. 집 안의 텔레비전, 인터넷, 라디오에서도 끊임없이 광고가 흘러나온다. 사적인 공간이건 공적인 공간이건 모두 광고가 점유하고 있다. 현대인들은 일상적으로 광고의 융단폭격을 당하며 살고 있다 해도 과언이 아니다.

'광고 보지 않을 자유'가 있다고?

사람들은 광고를 보기 위해 지하철이나 버스를 타는 것이 아니다.

그럼에도 모두 광고로 도배되어 있는 까닭에 광고를 보지 않을 수 없다. 기업들은 광고를 보건 안 보건 그것은 개인의 자유라고 말한다. 그러나 시각장애인이 된다면 모를까, 광고를 보지 않고 길거리를 다니거나 교통수단을 이용하는 일은 사실상 불가능하다. (엄밀하게 말하면 시각장애인들도 광고로부터 자유롭지 않다. 요즘 버스나 지하철에서는 정류장 근처의 병원이나 대형 쇼핑몰에 대한 정보를 소리로 알려 주는 광고 서비스를 제공하고 있기 때문이다.)

모든 시대에는 당연해 보이는 것에 의문을 제기하는 소수가 항상 존재하게 마련이다. 광고에 대해서도 그랬다. 개인의 주체적인 의지와 상관없이 광고를 보도록 강제하는 것은 폭력이나 인권침해가 아닐까? 광고로부터 개인이 자유로워지는 세상, 나아가 '광고 없는 세상'을 실현하는 것은 불가능한 일일까? 이런 생각을 하는 사람들이 있었다. 그리고 그 일부가 광고에 저항하는 시위를 했다. 프랑스에서 있었던 일이다.

2003년 10월 17일 저녁, 파리 12구 나시옹 광장에 한 무리의 사람들이 모여들었다. 간단하게 집회를 마친 그들은 일사분란하게 흩어져 다음 작전에 돌입했다. 바스티유, 몽파르나스 등 파리의 7개 지하철역에 있는 광고판 곳곳에 스프레이를 뿌리거나 페인트를 칠하고, 낙서를 하고, 또 그것을 찢어 냈다. 그리고 그 위에 "광고는 건강에 해롭습니다"라고 적힌 커다란 스티커를 붙여 놓았다. 그들은 '광고습격레지스탕스', '광고파괴자' 같은 광고 반대 단체와 그 지지자들로, 시위 작전명은 "세기의 악, 광고를 퇴치하라"였다. 그들은 자신들이 뿌린 전단에서 "광고가 인간의 정신을 상품화하고, 우리가 원치 않는 길, 선택하지 않은 세상을 강요하며, 마치 광고에 둘러싸인 사회가 당연한 것처럼 만들고 있다"고 주장했다.

그들의 행동에 대해서는 찬반이 엇갈린다. 어떤 사람들은 사적 재산인 광고를 파괴하는 잘못된 행동이라고 비난하는 반면, 다른 사람들은 공공장소가 사기업의 광고로 도배되는 것 자체가 폭력이므로 일방적인 '광고 폭력'에 맞선 의로운 일이라 평가하기도 한다.

광고가 '떼쓰는 아이'를 만든다

광고는 사람들로 하여금 소비하게 만드는 것이 목적이다. 그런 점을 감안하면 광고의 타깃은 어른들이어야 할 것 같다. 돈은 주로 어른들이 갖고 있기 때문이다. 그런데 대부분의 광고는 어린이와 청소년을 타깃으로 삼아 만들어진다. 이유가 무엇일까? 그것은 어린이와 청소년이 광고에 잘 속아 넘어가기 때문이다. 어린이와 청소년은 광고 메시지를 쉽게 믿을 뿐 아니라, 이를 유혹이 아닌 명령으로 받아들인다.

미국의 대형 육가공 식품업체 중에 '오스카마이어'라는 회사가 있다. 어린이들이 좋아하는 베이컨이나 소시지를 만드는 이 회사의 광고부장은 이런 말을 한 적이 있다. "어린이들은 마음에 드는 물건을 사 줄 때까지 떼를 쓰고, 안 될 때에는 바닥에 드러누워서 울면서 억지를 피운다. 어른들은 결코 이런 적극적인 고객이 될 수 없다." 그의 말은 광고 책임자의 자기 고백 같은 것이었다. 어린이나 청소년만큼 광고에 적극적으로 화답하는 경우는 드물다.

어떤 상품을 사 달라고 떼를 쓰면, 부모들은 어떻게 할까? 놀랍게도 80%가 넘는 부모들이 그 요구에 굴복하는 것으로 조사되었다. 물론 거절하는 경우도 있다. 상품이 건강에 좋지 않다거나, 너무 약하게 만들어졌다거나, 너무 비싸다거나 하는 이유로 말이다. 그러나 어떤 이유로든 자식의 요구를 거절하는 것은 결코 유쾌한 일이 못 된다. 심지어 '부모로서 자식의 욕구를 충분히 채워 주지 못하고 있는 것 아닌가' 하는 생각에 죄책감을 느끼는 경우도 있다. 광고업계는 이러한 부모의 속성을 잘 간파하고 있으며, 그것을 십분 이용한다.

우리는 흔히 어른들이 자신이 어릴 때 먹던 과자를 나이가 들어서도 먹는 것을 본다. 새우깡이나 초코파이 같은 과자들이 그렇다. 어른들은 어릴 때 이 과자들에 대한 광고를 많이 봤고, 그때부터 사 먹기 시작했다. 그리고 지금도 먹는다. 심지어 자신만 먹는 것이 아니라 자식에게도 사 준다. 광고의 효력이 대를 잇는 것이다. 어린이를 대상으로 한 광고가 브랜드나 상품의 충성도 구축에 있어서 얼마나 중요한지를 알 수 있다.

그런데 부모가 돈을 갖고 있다고 해서 구매 결정을 꼭 부모가 하는 것은 아니다. 의외로 자녀의 의견도 구매 결정에서 큰 힘을 발휘한다. 아이들은 이를테면 이런 식으로 조언한다. "엄마, 휴대폰 바꾸려면 대리점보다는 인터넷 ○○ 사이트에서 주문하는 게 더 싸. 거기서 사." 자녀가 영업사원처럼 말하는 경우도 드물지 않다. "엄마는 휴대폰으로 텔레비전 드라마 잘 보니까, 기종은 이게 낫겠고, 데이터 사용은 적고,

기껏해야 문자 정도 하는 거니까 요금제는 이걸로 하는 게 좋겠어." 이렇게 말하면 부모는 대개 자녀 말에 따른다. 마케팅의 대상이 된 아이들은 기업의 앞잡이가 되어 신제품을 가정에 소개하고 부모를 가르치는 역할을 한다.

실제로 가정 내 구성원 중 상품에 대해 가장 많이 아는 사람은 자녀다. 제품에 대한 정보들은 주로 인터넷이나 텔레비전, SNS 등 전자 미디어를 통해 입수되는 경우가 많은데, 이런 미디어를 가장 열심히 이용하는 것도 자녀들이다. 자극적이고 유혹적인 광고에 가장 열렬한 반응을 보이는 것도 역시 어린이와 청소년이다. 광고 메시지들은 자녀를 숙주로 삼아 가정 내로 침투한다.

예전에는 아이에게 상품을 팔기 위해 부모에게 마케팅을 했다. 그러나 요즘에는 부모에게 제품을 팔기 위해 아이에게 마케팅을 한다. 아직 판단력이 미숙한 아이들을 마케팅의 대상으로 삼는 것은 비윤리적이라는 비판은 예전부터 있었다. 그러나 광고업계는 여전히 어떻게 하면 아이들의 마음과 정신을 사로잡을 수 있는가, 그리고 아이들의 '선전'이 얼마나 효과를 발휘하는가에만 관심을 가질 뿐이다.

기업 이미지광고와
기업의 사회적 권력

옛날 장터의 약장수들은 "이 약으로 말씀드릴 것 같으면…" 하는 말로 선전을 시작했다. 광고도 마찬가지였다. 초기에는 특정 상품에 대한 정보를 제공하는 광고들만 있었다. 그러나 지금은 특정 상품에 대한 이미지나 설명이 전혀 안 나오는 광고들도 있다. 기업 이미지광고가 그렇다. 기업 이미지광고는 특정 상품을 판촉하지 않는다. 단지 기업 이미지 제고를 목적으로 한다. 이런 광고는 보통 대기업이 한다. 대기업들은 이미 대중에게 널리 알려져 있는 까닭에, 기업의 이름을 새롭게 알린다기보다는 대중이 자기 기업에 대해 좋은 이미지를 갖도록 하기 위해 이미지광고를 한다.

기업 이미지광고의 효과는 크다. 특정 상품이나 서비스에 대한 광고는 일시적으로 이루어지지만, 기업 이미지광고는 장기간 지속되기 때문이다. 예를 들어 삼성전자의 "또 하나의 가족"이라는 기업 이미지광고는 1997년부터 시작되어 20년이 넘은 지금까지도 계속되고 있다. 그런 까닭에 '삼성전자' 하면 '또 하나의 가족'이라는 말이 자연스럽게 연상될 정도가 되었다. 효과는 엄청났다. 사람들은 이 광고 때문에 부지불식간에 삼성전자에 정서적 유대감을 갖게 되었다.

기업 이미지광고는 실제 모습과 상관없이 기업에 대한 인상을 결정한다. 유한킴벌리의 "우리 강산 푸르게 푸르게" 광고가 대표적이다. 이 회사는 일회용 티슈나 아기 기저귀 같은 제품을 만든다. 티슈 회사들이 다 그렇듯이, 이 회사 역시 많은 삼림을 파괴할 수밖에 없다. 티슈를 생산하기 위해서는 많은 나무를 베어야 하고, 다 쓴 다음에 버려지는 기저귀들 역시 자연에 상당한 부담을 준다. 그럼에도 수십 년 동안 지속되어 온 이 광고 때문에 사람들은 이 회사를 친자연적인 회사로 기억한다. 실제 모습과는 정반대로 기억하는 것이다. 이런 일은 기업 이미지광고가 없었다면 결코 생겨나지 않았을 분열적 증상이다.

기업들이 좋은 이미지를 소유하려 하는 이유는 우선 수익 때문이다. 기업의 이미지가 좋아지면 고객의 신뢰가 생기고, 신뢰가 생기면 상품이나 서비스 판매가 늘어난다. 회사 주식을 사려는 사람도 많아진다. 그러면 주가도 오른다. 평소 기업의 이미지가 좋으면, 기업에 불미스러운 일이 생겼을 때 비난 여론을 불식시키기도 쉽다. 그리고 무엇보다 기업의 이미지가 좋으면, 이를 바탕으로 기업의 사회적 발언권을 키울 수 있고, 정치적·경제적으로 할 수 있는 일들이 많아진다. 이런 과정을 거치면서 기업의 '사회적 권력'은 점차 커진다. 그래서 기업은 이익을 추구하는 사기업 이상의 '공익적 이미지'를 획득하려 한다.

광고는 시장의 독과점에
도움을 준다

광고가 없던 시절, 상품의 명성은 입소문에 의존했다. 소문은 느리게 퍼졌고, 퍼지더라도 지역 단위를 넘어서지 못하는 경우가 많았다. 전국적인 명성을 얻은 상품이라도 소문만 들었지, 이를 사서 써 보기는 어려웠다. 생산량이 많지도 않았고, 전국적인 유통망도 없었기 때문이다. 그러나 오늘날 상품의 명성은 거의 광고로 인해 생긴다. 어떤 회사가 전국적으로 광고를 하면 순식간에 제품이 유명해진다. 소비자들도 광고에서 본 상품을 찾거나 사기 때문에, 광고에 의존하지 않고 히트상품이 되는 경우란 거의 없다.

물론 네티즌들이 인터넷에 올리는 제품 사용 후기 같은 것도 있다. 그러나 이런 제품 후기는 입소문과 달리 상품을 알린다기보다, 이미 광고를 통해 널리 알려진 제품에 개인적인 호불호를 표시하는 것에 가깝다. 광고의 힘은 엄청나다. 중소기업에서 아무리 질 좋은 제품을 만들어도 이를 광고하지 않는다면, 그 제품의 시장 점유율은 미미할 것이다.

그러면 중소기업도 광고를 하면 되지 않을까? 현실적으로 쉽지 않은 일이다. 광고료가 너무 비싸기 때문이다. 사람들이 가장 많이 보는 지상파 방송의 경우, 15초 광고하는 데 1,500만 원 정도가 드는 것으로 알려져 있다. 광고 효과를 보려면 하루에 한 번 정도 광고하는 것으로는 어림도 없다. 여러 번, 그것도 여러 채널에 동시다발적으로 광고를 해야 한다. 그 엄청난 비용은 중소기업이 감당할 수 있는 규모가 아니다. 그래서 돈이 적게 드는 마케팅을 고민할 수밖에 없는데, 그러면 판매량이 얼마 되지 않는다. 광고를 많이 하는 대기업의 제품들한테 밀려날 수밖에 없기 때문이다.

듣기에 이상할 수 있겠지만, 비싼 광고료는 대기업에 좋다. 왜냐하면 시장의 독과점을 보장해 주기 때문이다. 엄청난 광고료를 지불하면서 전국적으로 광고를 퍼부을 수 있는 자본력을 갖춘 곳은 대기업밖에 없다. 높은 광고료는 새롭게 시장에 진출하려는 중소기업에 넘을 수 없는 장벽이 된다. 시장을 독과점한 기업들은 경쟁 상대가 별로 없으니 마음대로 상품 가격을 책정할 수 있다. 그럼으로써 높은 이윤을 얻는다. 광고는 이런 식으로 대기업의 독과점을 유지시켜 준다.

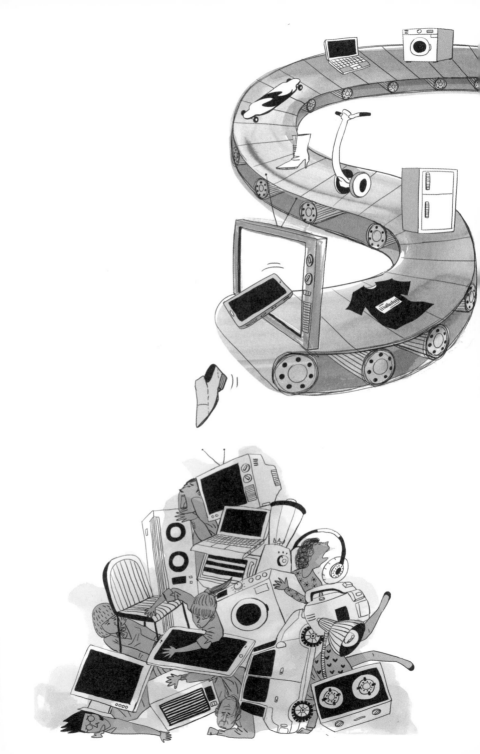

'포드주의'라는 말을 들어 봤는지 모르겠다. 미국의 유명한 자동차 회사인 포드자동차 설립자 헨리 포드Henry Ford의 이름을 따서 만든 말이다. 이런 말이 만들어진 이유는 헨리 포드가 자동차 대량생산 시스템을 구축했기 때문이다. 헨리 포드는 분업과 컨베이어 벨트 시스템을 결합시켜 제품의 생산성을 획기적으로 높였다. 그러니까 간단히 말하면 '포드주의'란 '대량생산 체제'를 일컫는다.

대량생산 체제는 한 가지 중요한 문제를 낳는다. 아무리 많은 물건들을 만들어 내도, 팔리지 않으면 아무 소용이 없다. 그러니 대량생산 체제가 유지, 발전하기 위해서는 사람들이 물건을 많이 사서 빨리 쓰고 버려야 한다. 사람들이 필요한 물건을 직접 만들어 쓰거나, 하나의 물건을 아껴 가며 오래오래 쓰는 근검절약을 하면 안 된다. 이러한 변화를 주도한 것이 바로 광고였다. 광고는 사람들의 생활양식 자체를 바꾸려 노력했고, 결국 성공했다.

가령 세탁기가 없는 시대를 살아가던 한 사람이 있다 하자. 어느 날 그는 어떤 기업이 '세탁기'라는 제품을 만들었다는 얘기를 들었다. 그렇다고 해서 그가 세탁기를 사서 써야 할 필요성을 느낄까? 아마 그렇지는 않을 것이다. 이제까지 그에게 손으로 빨래를 하는 일은 너무나도 익숙하고 자연스러운 생활문화였기 때문이다. 이런 사람에게 세탁기를 사서 쓰게 하려면? 생활문화 자체를 바꿔 주지 않으면 안 된다. 이때 광고가 동원된다. 광고는 사람들이 새로운 욕구, 생각, 정서, 습관을 창출하게 만들기 때문이다.

광고가 동원한 방법들은 그리 건강한 편이 아니었다. 광고는 세탁기를 사용하는 것이 문화적으로 세련된 행동이며, 손으로 빨래를 하는 것은 시대에 뒤떨어지는 낡은 행태라는 점을 부각시켰다. 심지어 빨래를 들고 개울에 나가면 동네 창피한 일로 여겨지게 만들었다. 또한 눈에 보이지 않는 세균까지 클로즈업해 보여 주면서, 세탁기를 쓰면 위생적이지만 손빨래는 그렇지 않은 것처럼 얘기했다. 깨끗하지 못한 옷을 가족에게 입히는 사람들은 엄마나 아내로서 주어진 역할을 충분히 하지 않는 것이라고 부추겼다. 광고는 이렇게 사람들의 자기모멸감, 소외감, 불안, 두려움, 선망, 질투, 차별 의식, 죄의식을 자극하면서 '새로운 욕구와 수요'를 창출해 왔다.

광고를 통한 기업의 언론통제

언론사 내부의 사정을 가장 잘 아는 사람은 누구보다 그곳에서 근무하는 기자일 것이다. 그 기자들이 꼽은 '언론에 가장 큰 영향을 미치는 사람'은 누구일까?

언뜻 생각하면, 언론사 사장이나 사주일 것 같다. 회사에서 가장 높은 사람이니 말이다. 혹은 독자일 것 같기도 하다. 아무리 좋은 기사를 써도 독자들이 신문을 사서 읽어 주지 않으면 소용없기 때문이다. 그러나 2005년 한국언론재단이 1,000여 명의 기자들을 대상으로 한 조사 결과에 따르면, 언론에 가장 큰 영향을 미치는 사람은 사장도, 사주도, 독자도 아니었다. 바로 광고주였다.

이런 결과는 기자는 물론 언론사 간부들, 심지어 사주나 사장도 광고주의 영향력 아래 있다는 사실을 보여 준다. 신문이나 방송이 독자보다는 광고주의 눈치를 보며 만들어지고 있다는 말이기도 하다. 광고가 언론의 가장 큰 수입원인 상황에서 이 결과는 어찌 보면 자연스러운 일이다. 여기서 우리가 다시 따져 봐야 할 것은 '누가 가장 큰 광고주인가?' 하는 점이다. 가장 큰 광고주는 바로 재벌이다. 삼성, LG, 현대, SK 같은 재벌 기업 말이다. 언론사의 재정은 이들 재벌 기업에 의존한다. 재벌 기업들이 광고를 주지 않으면 언론사는 금세 재정난에 처한다. 이것이 현실이다.

우리는 간혹 재벌 기업 회장 같은 사람들이 어떤 일로 비판의 도마 위에 오르는 것을 본다. 회사 돈을 횡령했다든지, 불법 비자금을 조성했다든지, 주가를 조작했다든지, 편법을 써서 세금을 제대로 내지 않고 자식에게 재산을 상속시켰다든지 하는 일로 세간의 주목을 받는 것이다.

그럴 때 보면, 각 언론에 해당 재벌 기업의 광고 물량이 대폭 증가하는 것을 관찰할 수 있다. 흔히 벌어지는 일이다. 이는 재벌이 돈으로 언론을 입막음하려는 것에 다름 아니다.

재벌의 부정·비리가 대중에게 알려지는 것은 결국 언론을 통해서다. 위기 상황에 놓인 재벌은 광고를 많이 줌으로써 언론의 입을 막거나 비판의 날을 무디게 한다. 그렇게 많은 광고 물량을 언론에 줬는데도 언론이 여전히 강도 높게 비판한다면? 재벌은 해당 언론에 대한 광고 물량을 뚝 끊는다. 다른 언론사들에는 많은 광고 물량을 나눠 주면서 해당 언론사에만 수십 개에 달하는 재벌 계열사들이 동시에 광고를 끊는 것이다. 그러면 해당 언론사는 재정에 적지 않은 타격을 입게 된다. 심지어 언론사의 주가도 떨어질 수 있다. 이런 방식으로 광고주는 언론을 길들인다.

광고를 통한 정부의 언론통제

우리는 흔히 '광고주' 하면 주로 기업을 떠올린다. 그러나 정부도 대표적인 광고주다. 'G20 정상회의'나 '올림픽 개최' 같은 국가적 차원의 큰 행사가 있거나, 광복 70주년 같은 국경일이거나, 국가에 큰 재난이 생겼을 때, 혹은 '4대 강 사업' 같은 큰 사업을 벌일 때, 정부는 각 언론사에 광고를 한다. 이런 광고는 중앙정부만 하는 것이 아니다. 지방정부, 즉 지방자치단체도 광고를 집행한다. 이를테면 지역 축제 같은 행사가 있으면 자기 지역의 언론에 광고를 한다.

정부도 기업처럼 광고를 이용해 언론을 길들이려는 일들이 간혹 벌어진다. 예를 들어 최근에는 이런 일이 있었다. 2015년 메르스 확산으로 온 국민이 공포에 떨 때, 한 신문에 "박근혜 '살려야 한다' 사진 패러디 봇물"이라는 제목의 기사가 실렸다. 그런데 정부가 보기에는 이 기사가 마음에 들지 않았던 모양이다. 대통령을 비웃는 것 같았기 때문이다. 이때 청와대의 한 고위 인사가 해당 신문사에 전화를 걸어 "이것이 기사가 되느냐"며 따졌고, 신문사 측에서는 "기사가 되는지는 우리가 판단한다"고 답했던 것으로 전해졌다.

이 신문사는 어떻게 되었을까? 며칠 후 이 신문사는 다른 신문사들이 다 수주한 정부의 광고를 혼자서만 받지 못했다. 대부분의 일간지 1면 하단 광고에는 "메르스, 최고의 백신은 함께 이겨 낼 수 있다는 믿음입니다. 메르스가 우리를 이길 수는 없습니다. 우리는 대한민국입니다"라는 내용의 정부 광고가 실렸다. 이 광고는 원래 해당 신문에도 실리기로 예정되어 있었다. 그런데 해당 신문사의 광고만 갑자기 취소되었다.

대기업과 더불어 정부는 광고계의 가장 큰 손이다. 정부의 광고 집행은 일상적으로 이루어진다. 정부의 광고비는 모두 국민의 세금으로 지불된다. 언론은 국민 여론을 조성하고 반영할 뿐 아니라, 국민의 알 권리를 충족시켜 주는 일을 한다. 따지고 보면, 언론 역시 국민을 위해 존재한다. 그런 언론을 정부가 국민의 세금을 이용해 길들이려 한다면? 황당할 것이다. 정부가 광고를 통해 언론을 통제하려는 행동은 이와 다를 바 없다.

광고의 셰익스피어인가, 희대의 사기꾼인가

피니어스 테일러 바넘

우리가 광고에서 자주 보는 문구들이 있다. "평생에 단 한 번뿐인 기회! 이번 기회를 꼭 놓치지 마세요!", "한정판 세일!", "특별 할인가!", "폐업, 창고 대방출!" 이런 문구들의 특징은 과장법으로 포장되어 있다는 것이다. 하지만 행사라고 해 봤자 실은 물건들을 평소보다 조금 싸게 팔거나, 별로 싸지도 않게 파는 게 전부다. 그럼에도 광고는 무슨 큰일이라도 난 것처럼 호들갑을 떤다. 그러면서 사람을 조급하게 만들고, 불안하게 하고, 흥분시킨다.

이런 문구들이 목적하는 바는 하나다. 지금 당장 소비자들의 지갑을 열게 하려는 것이다. 나중은 없다. 구매를 주저해서도 안 된다. 지금 당장 물건을 사게 만드는 것, 오직 거기에 집중되어 있다. 이런 식의 문구를 처음 쓴 사람은 미국의 유명한 서커스 단장인 피니어스 테일러 바넘Phineas Taylor Barnum이었다. 그는 자신의 서커스를 "기대하시라! 개봉 박두! 이번에 놓치면 다시는 볼 수 없는 지상 최대의 쇼!"라고 홍보했고, 가는 곳마다 흥행에 성공했다.

그의 구체적인 홍보 방법은 이랬다. 서커스가 마을에 들어오기 2주 전, 먼저 선전 마차를 보내 마을을 돌게 했다. 사륜마차를 개조해 화려하게 치장한 마차에는 이국적인 동물들과 서커스 장면들에 둘러싸인 그의 초상화가 그려져 있었다. 그는 자신의 얼굴 그림을 상표처럼 사용했다. 그런 점에서도 그는 홍보의 선구자였다. 그 뒤를 따르는 홍보 요원들은 악기를 동원해 시끌벅적한 분위기를 만들어 냈고, 화려한 깃발을 들고, 벽마다 포스터를 붙이고, 만나는 사람마다 전단지를 나눠 주었다. 그러면 금세 온 동네에 입소문이 파다하게 났다. 이렇게 바람을 잔뜩 잡은 후에 공연단이 들어가면 흥행은 떼어놓은 당상이었다. 공연단은 관람료를 마련해 놓고 2주간 목 빠지게 기다리고 있는 사람들을 그냥 맞이하면 됐다.

그는 과대 선전과 호기로운 약속, 속임수에 가까운 이벤트를 통해 상업적으로 큰 성공을 거두었다. 그런 그를 예일대 영어학 교수 윌리엄 라이언 펠프스William Lyon Phelps는 '광고의 셰익스피어'라고 불렀다. 그러나 다른 사람들은 그를 '야바위의 왕자'라고 불렀다. 한마디로 사기꾼이라는 뜻이다.

바넘이 남긴 말 중에 이런 것이 있다. "대중의 취향을 과소평가해서 손해 본 사람은 아무도 없다." 대중의 의식 수준을 아무리 낮게 잡아도 지나치지 않으며, 그것이 오히려 이득을 가져다준다는 말이다. 실제로 광고업자들은 이런 생각을 많이 한다. 이를 역지사지로 생각해 봐도 어렵지 않게 알 수 있다. 여러분들이 광고업자라고 생각해 보라. 자신이 만든 광고에 휘둘려 사람들이 마구 물건들을 사들이는 것을 보면 어떤 생각이 들까? 그들이 자신이 만든 광고의 진가, 아니면 상품의 진가를 알아준 현명한 사람들로 생각될까? 아니면 바보처럼 보일까?

나는 어느덧 세상을 믿지 않는 나이가 되었고

이익 없이는 아무도 오지 않는 사람이 되었고
이익 없이는 아무도 가지 않는 사람이 되었다

부모 형제도 계산 따라 움직이고
마누라도 친구도 계산 따로 움직이는 사람이 되었다

나는 그게 싫었지만 내색할 수 없는 사람이 되었고

너 없이는 하루가 움직이지 않았고
개미 새끼 한 마리 얼씬거리지 않는 사람이 되었다

— 박용하, 「돈」

7

키워드

돈

화폐를 통제하는 자가
세계를 지배한다

돈은 어떻게 만들어져서
시중에 풀릴까?

지폐나 동전이 만들어져 유통되는 과정을 이해하기 위해서는 우선 '화폐 발행권'에 대해 알아야 한다. '화폐 발행권'이란 지폐나 동전을 만들 수 있는 권리를 말한다. 우리나라에서는 그 권리를 중앙은행인 '한국은행'이 갖고 있다. 한국은행에는 최고 의결 기구인 '금융통화위원회'라는 것이 있다. 금융통화위원회는 7명의 인사들로 구성되는데, 한국은행 총재, 부총재, 그리고 부총재보 5명으로, 모두 대통령에 의해 임명된다. 이들이 정부와 공조해 현금을 얼마나 찍어서 시중에 유통시킬까 하는 것, 즉 통화량을 결정한다.

돈이 만들어지는 구체적인 과정은 이렇다. 한국은행이 한국조폐공사에 돈을 얼마만큼 만들어 달라고 주문을 한다. 조폐공사는 공장에서 돈을 만들어 한국은행에 납품한다. 이때 조폐공사는 생산 비용에 이윤을 더한 값을 납품 단가로 나중에 한국은행에서 받는다. 그 비용은 은행권 액면가에 훨씬 못 미친다. 돈은 액면가의 가치를 인정받아야만 돈이라 할 수 있다. 그런데 조폐공사에서 만든 돈은 아직 액면가의 가치를 인정받지 못한다. 그것은 돈이 아니라 '물품'으로 취급되고 있음을 의미한다. 한국은행은 조폐공사에서 받은 은행권들을 자신의 금고에 쌓아 놓는다. 그랬다가 정부나 금융기관이 지급을 요청하면 한국은행 본부 및 16개 지역 본부를 통해서 밖으로 내보내는데, 그때 돈이 '발행되었다'고 본다. 그제야 비로소 돈으로 취급되는 것이다.

현금을 제조하는 곳은 한국조폐공사다. 실제로 돈을 관찰해 보면 '한국조폐공사 제조'라고 조그만 글씨로 적혀 있다. 그런데 왜 발행처를 한국은행이라고 할까? 비유하면 한국은행은 출판사, 조폐공사는 인쇄소와 같다. 우리가 갖고 있는 책들을 보면, 발행처가 출판사로 적혀 있다. 그러나 책을 인쇄하는 일은 인쇄소가 한다. 출판사는 인쇄소에 돈을 주고 일을 맡겨서 책을 찍는다. 말하자면 인쇄소는 출판사의 하청 업체다. 조폐공사도 한국은행의 하청 업체다. 그러므로 조폐공사에 맡겨서 찍어 낸 은행권도 발행처가 한국은행이 된다.

한국은행은 '은행의 은행'이자 '정부의 은행'이다. 일선 은행들이 고객의 예금을 받고, 대출을 해 주기도 하는 것처럼 한국은행은 일선 은행이나 정부에 그런 역할을 한다. 한국은행은 일선 은행의 돈이나 정부의 돈을 맡아 관리하다 내 달라면 내주기도 하고, 대출을 요청하면 빌려주기도 한다. 그런 과정을 통해 한국은행이 만든 돈이 시중에 풀린다. 혹은 한국은행이 금융기관으로부터 외환(외국 돈) 또는 정부나 지방자치단체가 발행한 국·공채를 매입함으로써 풀리기도 한다. 한국은행이 발행한 은행권은 이렇게 금융기관이나 정부를 통해 시중에 유통된다.

돈을 찍어 내면 이익이 생긴다!

: 시뇨리지 :

돈이라고 하는 물건은 좀 이상한 물건이다. 돈을 만드는 데에도 돈이 필요하다. 앞서 '한국조폐공사가 한국은행으로부터 납품 단가를 받는데, 그 비용이 은행권 액면가에 훨씬 못 미친다'고 썼다. 그럴 수밖에 없고, 그래야만한다. 만약 납품 단가와 액면가가 같다면, 돈을 찍어 내는 것이 아무런 의미가 없기 때문이다. 1만 원권 한 장을 만들어 납품하는 비용이 1만 원이라고생각해 보라. 한국조폐공사가 돈을 만들어서 자신이 다시 가져가는 꼴이된다. 그러면 한국은행에 넘겨줄 돈이 없게 되고, 시중에 유통할 돈도 없게된다.

납품 단가가 액면가에 훨씬 못 미친다고 해서 한국조폐공사가 손해를 보고돈을 만들어 준다는 말은 아니다. 한국조폐공사도 공기업이기는 하지만 기업은 기업이다. 이익이 남아야 하는 기업이라는 말이다. 시간, 재료, 노동력,

설비 등을 들여 일을 해 주었으니, 당연히 돈을 받아야 한다. 그런데 그 일이라는 것이 돈을 만드는 일이다. 돈을 만들어 한국은행에 갖다 주고, 그 대가로 다시 돈을 받는다. 따지고 보면, 자신이 만든 돈의 일부를 받아 가는 꼴이다.

이를 근거로 시뇨리지를 설명하면 이렇다. 1만 원권을 한 장 만드는 데 드는 비용이 200원이라면, 액면가와 제조원가 사이의 차액은 9,800원이 된다. 조금 어려운 말로, 돈에 적힌 '1만 원'이라는 숫자를 '명목 가치'라 하고, 제조원가인 200원을 '실물 가치'라 한다. 돈은 이렇게 명목 가치와 실물 가치 사이의 차이가 크다. 이 차액은 고스란히 돈을 만들어 내는 주체(정부나 중앙은행)의 이득이 된다. 이렇게 화폐를 만듦에 의해 생기는 이익을 '시뇨리지(seigniorage, 화폐 주조 차익)'라 한다.

이 차익 때문에 정부는 재정이 악화되면 돈을 찍어 그 수입을 챙기려는 유혹에 시달린다. 정부가 돈을 찍어 낸 이익을 봤다면, 반대로 손해 보는 사람도 있을 것이다. 그게 누구일까? 바로 돈을 사용하는 국민이다. 사회 전체적으로 보면 재화의 양은 일정한데, 그 재화 가치를 표시하는 돈의 양이 늘면, 돈의 가치가 떨어질 수밖에 없다. 돈의 가치가 떨어지면 물가가 올라, 같은 돈을 주고도 물건을 조금밖에 못 산다. 예를 들어 10년 전에 1만 원짜리 1장으로 사과를 20개 살 수 있었다면, 지금은 물가가 올라 10개밖에 못 산다. 이것은 돈의 가치가 절반으로 떨어진 것을 의미한다. 이렇게 돈의 가치가 떨어지는 이유는 일차적으로 정부가 꾸준히 돈을 찍어 냈기 때문이다. 돈을 많이 찍어 내면 국민들이 갖고 있는 돈의 가치가 그만큼 떨어진다. 그것을 '자산 가치가 하락했다'고 말한다.

돈을 많이 찍어 낼수록 정부는 이득이다. 시뇨리지만큼 국민의 부가 국고로 흘러들어 오기 때문이다. 이를 '인플레이션 세금'이라 부른다. 정부는 국민이 물건을 사거나(소비세) 돈을 벌어들일 때(소득세), 재산을 자식에게 물려줄 때(상속세) 세금을 걷는다. 소비세, 소득세, 상속세 등은 내가 갖고 있는 돈을 정부가 걷어 가는 것이 눈에 보인다. 그러므로 사람들은 이를 쉽게 인지하고, 거기에 저항한다. 이를 '조세 저항'이라 한다. 그러나 인플레이션 세금은 개인들이 갖고 있는 돈에 정부가 전혀 손대지 않는다. 그러면서도 세금을 걷어 간다. 정부로서는 편리한 일이 아닐 수 없다. 정부가 돈 찍어 내는 것을 좋아하는 이유, 물가가 끊임없이 오르는 이유가 여기에 있다.

현금 가치가
사고의 중심이 된 세계

독일의 사회학자 게오르그 짐멜Georg Simmel은 『돈의 철학』에서 이렇게 썼다. "돈은 사물의 고유한 정체성을 빼앗고, 그 본질을 '돈'이라는 가치로 대체하며, 세상 모든 것을 돈과 교환될 수 있는 것으로 바꾸어 버린다." 세상의 모든 사물들은 자기만의 정체성을 갖는다. 그 정체성은 저마다 다른 것으로, 우열을 가릴 수 없다. 그런데도 사람들은 세상 모든 것이 돈과 바꿔질 수 있다고 믿고, 그것이 '얼마짜리인지'를 묻는다. 돈이 유일한 가치 척도가 된 것이다.

돈 중심의 사고는 사물들에만 적용되는 것이 아니다. 경조사비가 일상화된 우리 사회에서, 사람들은 각종 경조사를 참석할 때마다 축의금이나 부의금을 낸다. 그럴 때면 흔히 얼마를 낼까 고민한다. 금액을 정할 때 주된 고려 사항 중 하나는 친소(親疎) 관계, 즉 '나와 얼마나 친한가(가까운가)'이다. 친할수록 더 많은 금액을 경조사비로 낸다. 경조사비를 내는 데는 지인의 슬픔과 기쁨을 함께한다는 의미도 있다. 그러나 인간관계를 돈으로 환산하고 있음도 부인하기 어렵다.

이런 경우는 또 어떤가. 어떤 사람이 암 보험에 들었다 하자. 그는 보험금으로 매달 내야 하는 돈의 액수와 나중에 암에 걸렸을 때 보험금으로 탈 수 있는 돈의 액수를 계산해 본다. 보험 약관을 꼼꼼히 살펴보며 계산하던 그는 이런 결론을 내린다. '내가 55세쯤에 암에 걸려 병원에 입원해 수술을 받으면 가장 많은 이익을 볼 수 있겠군.' 이럴 때 그가 계산하고 있는 것은 자기 목숨을 담보로 한 '금전적 이득'이다. 이런 상상이 오버 아니냐고? 아니다. 현대인들은 흔히 이런 계산을 한다.

현대인들은 '무엇에 합리성이 있다'고 말하거나 생각할 때도 부지불식간에 '현금 가치'를 전제로 할 때가 많다. 어떤 결정이나 행동이 돈으로 따졌을 때 이익이 되면 '합리적'이라고 생각하지만, 그렇지 않으면 '불합리하다'고 생각한다. 현대인의 현금 가치 중심의 사고는 뿌리가 깊다. 오늘날의 합리성은 일반적으로 '경제적 합리성'을 가리키는 말이 되었으며, 그중에서도 '돈이 되느냐 마느냐', '된다면 얼마나 되느냐' 하는 사고방식에 포획되었다 해도 과언이 아니다.

갈수록 추상화되는
돈

세상의 모든 부의 원천은 자연이다. 인간은 길에 굴러다니는 돌멩이 하나도 만들 재간이 없다. 가치 있는 모든 물건은 자연물 그 자체이거나 이를 다소 변형, 가공한 것에 불과하다. 인간의 경제활동은 물건들을 서로 교환하면서 시작되었다. 교환가치의 비교, 수량 분할의 편리함 때문에 소금·면포·쌀 같은 것을 교환의 매개 수단으로 삼았다. 그러다 금화나 은화가 생겼다. 금화나 은화에는 액면가에 상당하는 실물 가치가 들어 있었다. 금이나 은 자체가 귀금속이기 때문이다. 금이나 은은 한없이 생산될 수 있는 것이 아니다. 그러므로 금화나 은화 역시 한없이 찍어 낼 수 없다. 이것이 돈의 가치를 지켜 주었다. 돈의 등장은 무한한 부의 축적을 가능하게 했다. 자연물은 썩지만, 금속으로 만든 돈은 썩지 않아 얼마든지 축적하는 것이 가능했다.

금화나 은화 다음으로 나온 것이 지폐다. 지폐는 금화나 은화보다 가볍고 부피도 작다. 그래서 갖고 다니며 쓰기 좋고 축적하기도 편하다. 그러나 실물 가치는 금화나 은화에 비해 형편없이 떨어진다. 실물 가치만 따지면 지폐는 그저 예쁜 그림이 그려진 종이 쪼가리에 불과하다. 그럼에도 지폐가 널리 쓰이는 이유는 액면가에 상응하는 금과 교환하는 것을 국가가 보장해 주기 때문이다. 이렇게 금과의 교환을 보장하는 화폐제도를 '금본위제'라 한다.

그러나 금본위제는 국제무역과 국제금융시장의 확대, 제1차세계대전 당시 전쟁 자금 마련을 위한 각국의 통화 증발 등을 이유로 폐지되었다. (하지만 이것은 명분일 뿐, 금본위제가 폐지된 진짜 이유는 금융 권력의 지배력 확대에 있다고 보는 견해가 있다. 돈을 마음대로 찍어 낼 권리를 갖게 되면, 금융 세력은 더 큰 권력을 누리게 된다.) 금본위제가 폐지되면서, 은행이 보유한 금의 양과 상관없이 화폐를 얼마든지 찍어 낼 수 있게 되었다. 그로 인해 화폐가치는 불확실한 것이 되어 버렸다.

돈의 역사는 '실물'로부터 '기호(상징)'로 이전되어 왔다. 먼 옛날 화폐 역할을 한 쌀과 소금은 실물이었다. 그러다 금화와 은화가 화폐 역할을 했다. 금화와 은화 역시 실물이었다. 그 뒤 금이나 은과 바꿔 주는 것을 전제로 지폐가 발행되었다. 지폐는 실물이 아니었다. 정부가 그 가치를 보증하는 일종의 증서였다. 그러나 처음에는 금과의 교환을 보장했으므로, 실물에 묶여 있는 증서였다. 그러다 금이나 은과 상관없이 지폐를 찍어 낼 수 있게 되었다. 이때부터 지폐는 실물과 상관없는 증서가 되었다.

그렇다면 지폐의 가치는 어디서 나올까? 그것은 돈이 가치가 있다는 막연한 믿음, 돈이 다른 재화들과 언제라도 교환될 것이라는 추상적인 믿음에서 나온다. 이를 '신용'이라 한다. 지금의 지폐는 순전히 사람들의 믿음에 기대는 '신용화폐'다.

돈의 종류에는 '본원통화'와 '파생통화' 두 가지가 있다. 본원통화는 한국은행이 찍어 낸 지폐와 동전을 말한다. 파생통화는 이로부터 생겨난 통화를 말하는데, 은행 대출을 통해 생겨난다. 이는 민간은행도 돈을 만들어 낸다는 의미다. 만들어 내는 과정은 이렇다. 어떤 사람이 현금 100만 원을 은행에 예금했다고 하자. 만일 금융통화위원회에 의해 지급준비율(고객이 현금으로 찾아갈 것을 대비해 남겨 놓는 돈의 비율)이 10%로 정해졌다면 은행은 10만 원만 남기고 나머지 90만 원을 대출한다. 은행은 90만 원을 A에게 대출하고 그중 10%인 9만 원을 지급준비금으로 남겨 둔다. 그 뒤 A가 90만 원으로 가구를 사고, 90만 원을 가구 대금으로 받은 B가 이 돈을 은행에 예금했다고 하자. 그러면 은행은 90만 원의 10%인 9만 원을 지급준비금으로 남기고, 다시 81만 원을 C에게 대출한다. 이 과정을 반복해 은행은 100만 원으로 최대 1,000만 원의

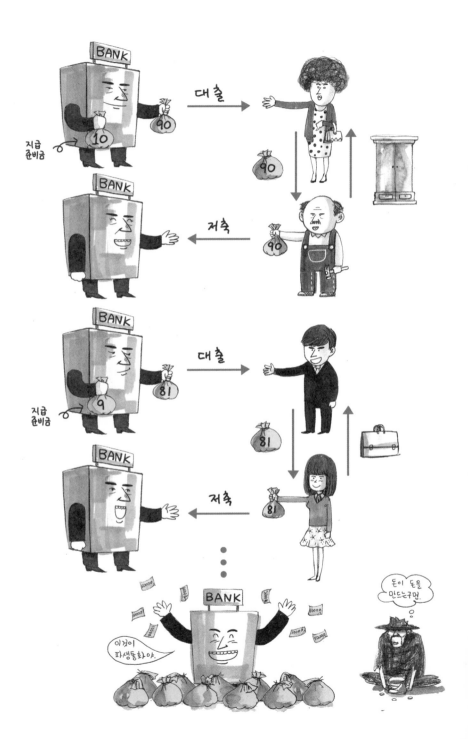

'통장 돈'을 만들어 낸다. 이런 방식으로 전체 통화량의 90% 이상을 민간은행이 만들어 낸다.

지갑에 10만 원밖에 없는데 100만 원을 친구에게 빌려줄 수 있는가? 불가능하다. 그러나 은행은 그렇게 할 수 있다. 그리고 그런 과정을 통해 민간은행은 중앙은행인 한국은행보다 8~9배 많은 '통장 돈'을 만들어 낸다. 이를 은행의 '신용창조'라 한다. 이러한 신용들은 흔히 투기 자금으로 흘러서 거대한 경제적 거품을 만든다. 그리고 거품이 꺼질 경우 대량의 기업 도산, 실업률 폭등, 생활고에 따른 비관 자살 등 막대한 사회적 손실을 초래한다.

현금이 필요 없는
사회

청소년들은 아직 신용카드를 만드는 것이 허락되지 않아 부모님께 현금으로 용돈을 받아쓰는 경우가 많다. 그러나 성인이 되면 현금 만질 일이 별로 없다. 직장인들은 옛날처럼 현금이 든 월급봉투를 받지 않는다. 급여는 자신의 은행 계좌로 들어온다. 사람들은 버스나 지하철을 탈 때, 식당에서 밥을 먹을 때, 마트에서, 또는 인터넷으로 쇼핑을 할 때 대개 신용카드나 체크카드, 모바일카드로 결제한다. 전기료나 수도료 같은 각종 공과금도 통장에서 자동이체로 빠져나간다. 사정이 이렇다 보니, 한국은행에서 찍어 내는 지폐와 동전의 양도 급속히 줄고 있다.

사람들은 인터넷뱅킹을 이용하거나 신용카드, 모바일카드 등을 쓸 때 지폐와 동전 같은 현금이 내 통장에서 빠져나와 결제하는 곳으로 날아가는 상상을 한다. 그러나 그것은 현금과 상관없다. '데이터 머니 (data money)'라 불리는 이것들은 은행 금고에 있는 것이 아니라 온라인상에만 존재하며, 거래가 이루어질 때마다 온라인상의 숫자들만 바뀔 뿐이다. 사이버공간에서 비트(bit)와 바이트(byte)로 존재하는 이 돈들은 지폐나 동전과 달리 만질 수 있는 것이 아니다. 돈의 '물성(物性)'이 사라지고 있는 것이다.

이런 데이터 머니가 전체 통화량에서 차지하는 비중은 상상을 초월한다. 약 97%다. 나머지 3%를 지폐와 동전이 차지한다. 이렇게 데이터 머니의 비중이 높아도 괜찮을까? 앞서 말한 파생통화와 여기서 말하는 데이터 머니들은 모두 언제라도 현금과 교환될 수 있음을 전제로 성립한다. 이것들은 그 믿음을 전제로 성립하는 일종의 '신용화폐'다. 달리 말하면 그 '믿음'이 깨지면 화폐로서의 기능이 정지될 수 있다는 말이다.

그 믿음이 깨지는 대표적인 경우는 국가 부도나 은행 부도의 위험이 있을 때다. 그럴 때 사람들은 은행으로 한꺼번에 몰려가 통장 돈을 현금으로 인출하려 한다. 이를 '뱅크 런(bank run, 현금 인출 소동)'이라 한다. 그러나 3%로 97%를 지급할 수는 없다. 그래서 어떤 사람들은 통장에 기록되어 있는 금액들이 '진짜 돈'이 아니라 '가짜 돈'이라고 주장하기도 한다. 평상시에는 진짜 돈처럼 여겨지지만, 위기 상황이 발생하면 그 가짜의 성격이 드러난다고 보는 것이다.

돈도
사고팔 수 있다

　돈은 거래의 매개물이면서 상품의 가치를 표시한다. 그런데 한편으로 돈은 그 자신이 하나의 상품이기도 하다. 외환시장에서의 돈이 그렇다. 외환시장에서는 각국의 돈이 팔리고 있으며, 각국의 돈의 가치도 이러한 거래 행위에 의해 널을 뛴다. 귀금속으로부터 자유로워진 돈, 그리하여 마음껏 찍어 낼 수 있게 된 돈, 그 돈에 근거해 만들어지는 엄청난 양의 파생통화, 이것만으로도 화폐경제에는 많은 거품이 낀다. 여기에 더욱 거품을 키우는 요인이 있으니, 그것이 바로 외환시장이다.

　외환시장이 생겨난 시기는 무역이 발달하면서부터였다. 무역을 하면 외국 돈에 대한 수요와 공급이 생기기 때문이다. 무역은 특정 국가와 1 : 1로만 하지 않는다. 여러 나라와 동시에 한다. 그러다 보면 일본의 엔화는 넘쳐 나지만, 미국의 달러는 부족한 경우가 생긴다. 그러면 엔화를 팔아서 달러를 사들여야 한다. 이러한 일이 가능하기 위해서는 외환시장이 형성되어야 한다.

　그러나 외환 거래가 무역을 위해서만 쓰인다고 생각하면 오산이다. 오늘날의 외환시장은 투기시장이나 다름없다. 투기는 돈 놓고 돈 먹는 도박이다. 외환시장을 좌지우지하는 힘은 시세 차익을 노린 투기자본들이다. 오늘날 외환 투기 규모는 상상을 초월한다. 국제 금융거래 중 95%가 투기 목적으로 거래되고 있으며, 나머지 5%가 수출입에 따른 결제 대금이다. 1973년 국제통화제도가 고정환율제에서 변동환율제로 바뀌었는데, 그때 이후 외환시장은 투기 자본의 주된 활동 영역으로 변했다.

외환시장의 활성화로 가장 큰 이득을 보는 나라는 미국이다. 미국은 기축통화를 발행하는 국가이기 때문이다. 전 세계 무역거래와 금융거래의 주된 결제 수단은 미국 달러다. 전 세계 모든 나라들은 미국 달러를 필요로 한다. 무역거래와 금융거래가 활발할수록 외환시장은 활발해지고, 그중에서도 미국 달러의 수요가 가장 폭등한다. 그러면 미국은 돈을 더 많이 찍어 내면 된다. 미국은 시뇨리지 때문에 찍어 낸 만큼 이득을 본다. 미국은 자신이 찍어 낸 돈으로 원하는 만큼 전 세계의 물건을 살 수도 있고, 각국의 정부, 은행, 기업에 돈을 빌려주고 이자도 받을 수 있다.

우리나라는 1997년 외환 위기를 겪었다. 그러나 미국에는 '외환 위기'라는 말 자체가 없다. '외환 보유고'라는 말도 없다. 달러가 부족하면 그냥 찍어 내면 되기 때문이다. 자국의 화폐가 세계 기축통화로 인정받는다는 것은 세계경제를 쥐락펴락할 수 있는 엄청난 권력을 지녔음을 의미한다. 그 권력을 현재 미국이 갖고 있다.

이자 받는 것이 도둑질이라고?

아베 요시히로가 쓴 『세계 금융의 미래』에는 이런 이야기가 나온다. 자급자족을 하며 부족한 물건은 물물교환으로 해결하는 인구 100명의 작은 마을이 있었다. 어느 날 그곳에 낯선 남자가 나타나 이렇게 말했다. "여러분은 왜 이렇게 원시적인 생활을 하십니까? 이건 돈이라는 것입니다. 돈을 사용하면 원하는 물건과 편하게 교환할 수 있지요." 자신을 은행가라고 소개한 그는 마을 사람들에게 돈을 보여 주며 친절하게 그 편리성을 설명했다.

사람들이 설명을 이해하는 듯하자, 돈을 10만 원씩 나눠 주었다. 그러고는 말했다. "이것을 빌려 드리겠습니다. 제가 1년 후에 찾아오겠으니, 그때까지 이자를 합쳐서 11만 원을 갚아 주시기 바랍니다. 혹시 갚지 못한다면 제가 가게의 권리를 가져가겠습니다." 마을 사람들이 실제로 써 보니, 돈이란 것이 과연 편리한 면이 있었다.

1년이 지나자 은행가가 다시 왔다. 그리고 말했다. "자, 이제 약속대로 원금과 이자를 갚아 주십시오." 100명에게 10만 원씩 빌려줬으니 마을에 있는 돈은 총 1,000만 원이었다. 그러나 은행가가 돌려받아야 할 돈의 총액은 1,100만 원이었다. 당연히 돈을 갚지 못하는 사람들이 생길 수밖에 없었다. 돈을 갚지 못한 사람들은 결국 은행가에게 가게를 빼앗겼다.

　이 이야기는 가장 간단한 방식으로 화폐 시스템의 문제를 보여 준다. 은행가가 만들어 낸 돈은 원금뿐이다. 거기에는 이자가 포함되어 있지 않다. 그렇다면 은행가는 세상에 없는 돈(이자)을 내놓으라고 한 꼴이다. 은행가가 요구한 이자까지 보태어 원금을 갚기 위해서는 결국 다른 사람이 갖고 있는 돈의 일부를 가져와야 한다. 그 전까지 물물교환을 하며 서로 평화롭게 돕고 살았던 마을 사람들은 다른 사람의 돈을 빼앗아 오기 위해 서로 경쟁해야 한다. 그 경쟁에서 패배한 사람은 파산한다.

　은행가가 한 일은 돈을 찍어 낸 것밖에 없다. 그러고는 그냥 자신이 만들어 낸 돈을 마을 사람들에게 빌려주고 이자를 요구했을 뿐이다. 이런 방법으로 일부 마을 사람들의 가게를 차지할 수 있었다. 빚을 갚지 못하는 사람은 흔히 비도덕적이라며 손가락질 당한다. 은행 돈을 갖다 쓰고는 갚지 않는 양심이 불량한 사람이라는 것이다. 그러나 실은 이자를 받는 것이 '도둑질'일 수도 있다. 금융업으로 세계 최대의 부를 이룬 로스차일드가의 시조 메이어 암셀 로스차일드^{Mayer Amschel Rothschild}는 이런 말을 남겼다. "한 나라의 통화를 발행하고 통제하는 게 내게 허락된다면, 나는 누가 법률을 만들든 개의치 않겠다." 돈을 찍어 낼 권한을 가진 사람이 사실상 사회를 지배한다는 말이다.

우리 화폐엔 왜 독립운동가가 없을까?

세계 주요국의 은행권 앞면에는 대개 그 나라를 대표하는 인물들이 그려져 있다. 예를 들어 미국 지폐에는 제퍼슨, 링컨, 잭슨, 그랜트 등 역대 대통령이 그려져 있고, 유럽에서 발행된 지폐에는 생텍쥐페리, 폴 세잔 등 문화 예술인이 그려져 있다. 잘 알다시피 우리나라 화폐에도 세종대왕, 황희, 이이, 이순신, 신사임당이 그려져 있다. 모두 15~16세기 조선 시대 인물들이다. 화폐에 들어가는 인물들은 그 나라의 전통, 문화, 정신을 상징적으로 드러내는 인물이고, 또 그래야 한다. 그렇게 보면 우리나라 화폐 인물 구성은 조금 이상하다고 할 수 있다. 독립운동가가 한 명도 없기 때문이다. 김구든, 안중근이든, 윤봉길이든, 안창호든, 유관순이든 한 명이라도 있어야 할 것 같은데, 없다.

현재 우리나라는 '조선'이 아니다. '대한민국'이다. 그렇다면 대한민국의 독립에 공헌한 인물들의 초상이 당연히 화폐에 들어가야 한다. 다른 나라들을 봐도 그렇다. 식민지 경험을 갖고 있는 나라들은 모두 독립에 헌신한 인물의 초상이 화폐에 새겨져 있다. 쿠바의 체 게바라, 중국의 마오쩌둥, 인도의 간디, 필리핀의 호세 리살, 터키의 케말 아타튀르크, 베트남의 호찌민 등이 그렇다. 이들 국가들은 독립운동가들의 초상을 화폐에 새김으로써 독립의 의미와 정신을 이어 가고자 한다. 그런데 우리나라는 그렇게 못 하고 있다. 이유가 무엇일까?

그 이유는 친일 문제가 청산되지 않았기 때문이다. 수많은 친일파의 범죄적 행적들이 국가에 의해 조사되고, 인정되고, 교육되고, 반성되지 않고 있다. 우리나라는 흔히 상하이임시정부의 법통을 계승해 오늘날에 이르고 있다고 말한다. 하지만 그것은 명분일 뿐이다. 현재 우리나라는 '친일파의 나라'라 해도 지나친 말이 아니다. 친일파들은 해방 이후 친미파로 변신해 정치, 경제, 사회, 문화 각 분야에서 권력을 누리고 있다. 상황이 이러하니 독립운동가가 화폐 인물로 등장하기 어렵다.

2007년에 1만 원권, 1천 원권 신권이 발행되면서 일부 개선되기는 했지만, 돈의 형태와 디자인 또한 아직도 일본의 영향을 벗어나지 못하고 있다. 박구재의 『지폐 꿈꾸는 자들의 초상』에 따르면, 신권 이전에 발행된 구권 1만 원권과 1천 원권의 "한국은행권-만원-한국은행"과 총재 직인의 순서는 일본 엔화의 그것을 그대로 따르고 있었다. 발권 주체가 '한국은행 총재' 대신 '한국은행'으로 새겨져, 회사 이름으로 서명, 날인하는 형식도 일본의 그것과 같았다. 지폐에 찍힌 직인이 원형인 것도 일본과 다르지 않았다. 지폐의 가장자리를 흰 여백으로 남겨두는 것도 마찬가지였다. 또한 1만 원권의 세종대왕 초상은 친일 행적 논란이 있는 김기창 화백의 그림이었다. 신권이 발행되면서 회사 이름으로 서명, 날인하는 형식이나 직인의 모양 등은 바뀌었지만, 기본 틀은 여전히 일본의 지폐에서 벗어나지 못하고 있다.

늙고 죽는 돈을 구상한 경제학자

실비오 게젤

세상에 존재하는 모든 것은 시간이 지나면 낡고 소멸한다. 인간을 포함해 모든 존재는 시간이 지나면 녹슬고, 부패하고, 무너지고, 말라 가고, 늙고, 벌레 먹고, 사라진다. 이것이 자연의 법칙이다. 그러나 돈만은 예외다. 돈은 썩지도 않고 소멸하지도 않는다. 다른 물건들은 오래 보관하면 보관료가 들 뿐 아니라 물건이 손상되어 가치가 떨어진다. 그러나 돈은 은행에 아무리 오래 맡겨도 보관료를 내지 않는다. 오히려 은행으로부터 이자를 받는다. 이 역시 자연의 법칙에 어긋난다.

벨기에 출신의 독일 경제학자 실비오 게젤Silvio Gesell은 이런 돈의 속성에 의문을 품었다. 그는 이런 화폐 시스템 때문에 많은 사회문제가 일어난다고 보았다. 돈의 불멸성과 이자는 돈을 교환의 매개 수단보다 축적의 수단이 되게 한다. 특히 경기가 나빠져 물건을 생산해도 잘 팔리지 않고, 그렇다고 투자할 곳도 마땅치 않은 불황기에는 돈이 더욱 돌지 않는다. 돈이 돌지 않으면 기업들이 파산하고 실업자가 증가한다. 큰 부자들이야 상관없다. 그들은 돈을 쥐고 자신에게 유리한 조건이 형성될 때까지 기다리면 되니까.

이에 실비오 게젤은 오래 갖고 있을수록 오히려 그 가치가 줄어드는 돈을 생각해 냈다. 이른바 '소멸 화폐'다. 소멸 화폐가 일반 화폐와 다른 점은 화폐 뒷면에 있다. 예를 들어 1만 원권 소멸 화폐가 있다 하자. 그 지폐의 유효기간은 1년이다. 화폐 뒷면에는 52개의 네모 칸이 인쇄되어 있다. 각 네모 칸 안에는 매주 수요일에 해당하는 날짜가 적혀 있다. 돈 주인은 해당 날짜에 스티커를 사서 붙여야 돈을 쓸 수가 있다. 스티커는 한 장에 50원. 만약에 이 돈을 한 달간 보관하고 있다가 쓰려고 한다면 4장의 스티커를 붙여야 한다. 오래 보관할수록 돈의 가치가 떨어지므로 빨리 쓸수록 이득이다. 꼭 물건을 사야 하는 것은 아니다. 투자를 해도 되고, 예금을 해도 된다. 그러나 예금의 대가로 이자는 주어지지 않는다. 소멸 화폐 시스템에서 이자는 없다. 은행에서 돈을 빌리는 사람도 수수료는 내지만 은행에 이자를 내지는 않는다. 이자가 없기 때문에 돈이 필요한 사람들은 부담 없이 빌린다. 빌린 돈은 역시 스티커 때문에 빨리 쓰인다. 1년이 지나면 빈칸이 모두 스티커로 채워진다. 스티커로 꽉 채워진 돈을 은행으로 가져가면, 은행은 그 돈을 새로운 1만 원권 소멸 화폐로 바꿔 준다. 그리고 빈칸이 스티커로 채워진 화폐는 폐기된다.

이런 소멸 화폐는 축적의 수단이 아니라 교환의 수단으로 쓰이게 된다. 돈은 빠르게 순환하니, 적은 통화량으로도 많은 사람들을 먹여 살린다. 통화량을 늘릴 필요가 없으니 사람들의 자산 가치가 안정적이 된다. 이자가 없으니 화폐 발행권자에게 부당 이득을 주지도 않는다. 어떤가? 아이디어가 기발하지 않은가?

한 사업가가 인도에서 휴가를 보내고 있었다.
모래사장에 누워 있던 그는
한 어부가 물고기 한 마리를 들고 돌아오는 것을 보았다. ……
"운이 좋군요! 다시 바다로 나갈 건가요?
그렇다면 나도 함께 갑시다. 낚시하는 법을 가르쳐 주세요."
"다시 바다로 나갈 거냐고요? 뭣하게요?" 어부가 물었다.
"고기를 더 잡으러 가는 거죠!" 사업가가 대답했다.
"고기를 더 잡아서 뭣하게요?"
"그 고기를 팔면 되지 않아요? 그러면 돈을 벌 것 아닙니까?"
"돈을 벌어서 뭣하게요?"
"그 돈으로 작은 배를 살 수 있을 것 아니에요?"
"배를 사서 뭣하게요?"
"배를 가지면 더 많은 고기를 잡을 수 있으니까요."
"고기를 더 많이 잡아서 뭣하게요?" ……
"그러면 돈을 더 많이 벌 테니까 부자가 되잖습니까?"
"부자가 돼서 뭣하게요?"
"그럼 편히 쉴 수 있지 않아요?"
그러자 어부가 말했다.
"그렇잖아도 지금 편히 쉬려고 집에 가는 일이오!"

— 아베 피에르, 『이웃의 가난은 나의 수치입니다』에서

키워드

8

가난

가난해지고 싶은 사람은
없다

머리가 나빠서 가난하다?

: 가난과 두뇌의 상관관계 :

'가난한 사람들은 부지런하게 일하지 않아 가난하다'는 말을 들어 본 적이 있을 것이다. 이 말을 뒤집으면, 부자들은 부지런해서 부자가 되었다는 의미가 된다. 이런 상황에서는 경제 양극화가 아무리 심해진다 해도 정당한 일로 여겨질 수밖에 없다. 부지런해서 부자가 되었다는 논리는 가난에 대한 사회(권력층)의 책임을 면제시켜 주기도 한다. 부지런히 일하지 않은 것은 개인의 잘못이므로 가난에 대한 사회적 책임은 없다. '머리가 나빠서 가난하다'는 속설도 마찬가지다. 머리가 나쁜 것은 개인적 속성이기 때문에, 사회가 어떻게 해 줄 수 있는 것이 아니다. 이 역시 가난을 개인적 속성 탓으로 돌린다.

가난과 두뇌의 관계는 인지과학자들이 주목해 온 연구 주제 중 하나다. 과학자들의 연구에 따르면, 태어날 때 빈곤층 자녀와 고소득층 자녀의 두뇌는 별 차이 없다. 그러나 성장 과정을 거치면서 빈곤층 자녀는 고소득층의 자녀보다 회백질의 양이 적은 것으로 나타났다. 이는 빈곤층 자녀의 두뇌가 덜 발달한다는 뜻이다. 왜 그럴까? 가난하면 영양 섭취가 잘 되지 않고, 공부에 필요한 교재가 부족하고, 두뇌 발달에 필요한 자극을 덜 받을 가능성이 높다. 과학자들은 이것이 빈곤층 자녀의 두뇌가 덜 발달하는 이유가 아닐까 추정하고 있다.

그러나 이보다 더 큰 이유로 꼽는 것이 있다. 금전적인 문제로 인한 스트레스다. 일반적으로 스트레스는 뇌가 자라는 데 천적이라고 알려져 있다. 인간의 인지력은 무한하지 않다. 우리의 뇌는 한쪽에 신경을 쓰면 다른 쪽에 신경을 덜 쓸 수밖에 없다. 교통비, 식비, 병원비 등이 부담스러운 사람일수록 삶의 장기 계획을 구상할 여력이 없고, 합리적인 판단을 하기 어렵다. 이런 이유 때문에 가난한 사람들은 판단력이 저하되고, 집중력이 부족하며, 충동적인 행위를 일삼게 된다.

이것은 실험으로도 증명된다. 최근 미국과 영국 공동 연구 팀은 인도의 사탕수수 농부를 대상으로 사탕수수 수확 전과 후에 논리와 인지능력 테스트를 실시했다. 결과는 사탕수수를 수확한 후의 논리와 인지능력이 그 전보다 두 배 정도 향상된 것으로 측정되었다. 사탕수수는 1년에 한 번 수확하는 작물이라 수확이 끝난 직후에는 농부들이 금전적인 걱정을 하지 않는다. 하지만 수확을 하기 직전까지는 가난에 허덕이게 된다. 이러한 실험에서 알 수 있듯이, 가난한 사람들이 유전적으로 머리가 나쁘다는 증거는 없다. 오히려 가난의 결과로 머리가 나빠지거나 판단력이 미숙해진다는 쪽이 진실에 가깝다.

일을 해도,
집이 있어도 가난하다

: '워킹 푸어'와 '하우스 푸어' :

'워킹 푸어(working poor)'는 일을 해도 가난한 계층, 즉 '노동 빈곤층'을 말한다. 일을 하고 있는데도 저축할 여력이 없어, 질병이나 실직이 생기면 곧바로 절대 빈곤으로 떨어질 위험이 있는 계층이다. 미국에서 1990년대 중반 등장한 이 말은, 우리나라에서는 1997년 외환 위기 이후 통용되었다. 워킹 푸어는 모순적인 말이다. 원래대로라면 일하는 사람은 가난해져서는 안 된다. 그럼에도 이런 말이 생겨나는 이유는 비정규직과 임시직이 많기 때문이다. 이들은 안정적으로 먹고살기 위해 투잡(two jobs), 쓰리잡(three jobs)을 뛰기도 한다. 하지만 그렇게 해도 겨우 먹고살 뿐, 부자가 되지 못하는 경우가 많다. 또한 그렇게 과로하면 병이 나기 쉽다. 웬만큼 돈을 벌었다 해도, 병이 나면 비싼 병원비를 치르느라 다시 빈곤의 나락으로 떨어지기도 한다.

워킹 푸어는 남의 문제가 아니다. 우리나라 직장인 중 70% 이상이 스스로를 워킹 푸어라고 생각한다는 조사 결과가 있을 정도다. 워킹 푸어 문제는 1997년 우리나라가 외환 위기를 겪은 이후 심화되었다. 외환 위기 이전까지만 해도 사람들은 열심히 일하면 부자가 될 수 있다는 '근면 신화'를 믿고 노력하는 사람들이 많았으며, 실제로 부자가 되는 경우도 있었다. 그러나 지금은 다르다. 일할 수 있는 체력과 의지가 있고, 실제로 열심히 살아도 생활이 나아지지 않는 경우가 적지 않다. 그로 인해 좌절감과 불안감에 시달리는 사람들이 많다.

최근에는 가계 빚이 늘어 국가 경제가 위태롭다는 뉴스가 자주 나온다. 가계 빚이 늘어난 가장 큰 이유는 무엇일까? 바로 집 때문이다. 많은 사람들이 집을 사기 위해 은행에서 돈을 빌린 게 문제가 되는 것이다. 이처럼 집을 사기 위해 은행에서 많은 돈을 빌렸다가, 원금과 이자를 갚느라 쓸 수 있는 돈이 줄어 가난하게 사는 사람을 '하우스 푸어(house poor)'라 한다.

하우스 푸어가 된 상태라면 집을 팔면 되지 않느냐고? 집도 집값이 오를 때 잘 팔린다. 집을 사 놓으면, 그 집이 돈을 불려 주는 역할을 하기 때문이다. 반대로 집값이 떨어질 기미를 보이는 때는 집을 내놔도 팔리지 않는다. 집을 사려는 사람들이 집값이 더 떨어지기를 기다리기 때문이다. 집을 팔려면 아주 헐값에 내놓아야 하는데, 그러면 집이 팔려도 은행 빚을 다 못 갚는다. 자칫 집은 없어졌는데, 그 집 때문에 얻은 은행 빚은 남게 되는 상황이 생긴다. 그래서 울며 겨자 먹기로 계속 집을 갖고 있으면서, 가난한 생활을 하게 된다.

하우스 푸어가 생겨나는 이유는 정부와 언론 때문이라 해도 지나친 말이 아니다. 정부와 언론은 사람들로 하여금 돈을 빌려 집을 사도록 일상적으로 부추겨 왔다. 그랬던 이유는 많다. 우선 정치인이나 정부 고위 관료들, 그리고 언론사의 간부들 자체가 집을 여러 채 가진 부동산 부자들인 경우가 많다. 집값이 오른다면 이들은 큰 이득을 볼 것이다. 집값이 오르게 하기 위해서는 집을 사려는 수요를 많이 만들어 내야 한다. 결국 정치권이 부동산 부양 정책을 쓰는 이유는? 이러한 정책이 부동산 부자와 건설사, 금융회사 들에 이득을 가져다주기 때문이다. 이득을 본 사람들은 부동산 부양 정책을 편 정치인들에게 정치적 지지와 후원으로 보답한다.

대부분의 신문사들은 '집값이 계속 뛸 테니, 하루빨리 집을 사는 게 이득'이라고 선동한다. 그러는 가장 큰 이유는 건설사로부터 아파트 분양 광고를 수주할 수 있기 때문이다. 아파트 분양 광고는 신문사의 가장 큰 수입원 가운데 하나다. 문제는 이런 기사를 본 사람들이 선동에 넘어가 무리하게 은행 대출을 해서라도 집을 산다는 데 있다. 그중에는 자신이 들어가 살려고 집을 사는 것이 아니라, 시세 차익을 노리고 여러 채의 집을 사는 경우도 있다. 언론의 말대로 집값이 계속 오른다면 별 문제가 없을 것이다. 그러나 경제가 불황이어서 집값이 떨어지면 가계 경제에는 큰 문제가 생긴다. 또한 많은 이들이 은행 대출을 갚지 못하면, 은행도 파산할 수 있다.

성스러운 가난 vs.
수치스러운 가난

　사람들은 '가난' 하면 낡은 옷, 보잘것없는 음식, 허름한 집 같은 것을 떠올린다. 물론 가난한 사람들은 그런 옷을 입고, 그런 음식을 먹고, 그런 집에서 산다. 그러나 그것 자체가 가난을 의미하지는 않는다. 가난은 '낡은 옷'이 아니라, 그렇게 입는 것이 '신경 쓰이는 것'이다. 낡은 옷으로 인해 생기는 부끄럽고 수치스러운 감정이 가난이다. 만약 빈부 격차가 심하지 않아 낡은 옷을 입는 사람들이 주변에 많다면, 혹은 사회에 가난을 부끄럽게 여기는 문화가 없다면 낡은 옷은 별 문제가 되지 않는다.

　가난을 부끄럽지 않게 여기는 문화라니? 어떻게 그런 문화가 존재할 수 있는지 궁금해하는 사람이 있을지 모르겠다. 역사적으로 그런 문화가 존재한 때가 있었다. 중세 유럽이 그랬다. 중세 유럽에서는 '걸인 = 성자'의 이미지가 있었다. 당시에는 베드로형 가난(사제들처럼 스스로 특권과 부를 버린 자의 가난)과 라자로형 가난(본래부터 가난했던 자의 가난)이 있었는데, 모두 성스럽게 여겨졌다. 부자들도 거지를 홀대하지 않았다. 그들에게 자선을 베풀 수 있음을 오히려 고맙게 생각하는 경우도 많았다.

왜냐하면 자선을 베풀면 부를 쌓으면서 짓게 된 죄를 용서받을 수 있다고 생각했기 때문이다. 그랬던 가난이 16세기 이후 죄악으로 여겨지게 되었다.

오늘날 사람들은 가난을 부끄럽게 여긴다. '가난해도 자기만 당당하면 되는 것 아닌가?' 하고 생각할 수도 있지만, 결코 쉽지 않다. 여러 제도와 문화가 가난을 부끄럽게 여기도록 강제하기 때문이다. 예를 들어 가난한 성적 우수 대학생에게 어떤 기업 재단이 주는 장학금 제도가 있다 하자. 이 장학금을 신청하는 대학생은 부모님 소득 증빙 자료, 건강보험료 납부 확인서, 지방세 세목별 과세 증명서 등을 학교에 제출해야 한다. 줄 수 있는 장학금은 적고, 장학금을 받으려는 학생들은 많다. 그런 까닭에 장학금을 받으려면 단지 가난을 증명하는 것을 넘어, '누가 더 가난한지'를 경쟁해야 한다.

부모가 기초 생활 수급자여서 무료로 학교급식을 먹는 경우도 마찬가지다. 이때도 가난을 증빙할 만한 여러 서류를 학교에 제출해야 한다. 때로는 학생이 담임에게 자기 집안의 어려운 경제적 상황을 모두 말해야 한다. 엄마가 공장에 다녔는데, 최근에 아프셔서 지금은 일을 못 나간다거나, 아빠가 술만 마시는 알코올중독자라거나, 집이 월세라거나 하는 것들을 말해야 한다. 이런 과정을 거치며 학생은 마음에 상처를 입는다. '공짜 밥'을 먹는다는 사실이 친구들에게 알려지면 수치심은 더하다. 그럴 때 그 밥은 공짜 밥이 아니다. 이는 수치심과 굴욕감의 대가로 주어지는 것이다.

노숙자가 공공장소에서
쫓겨나는 것은 당연할까?

우리는 기차역, 버스터미널, 공원 등에서 노숙자들을 본다. 그들은 보통 지저분하고 냄새나는 옷을 입고 대합실 의자에 앉아 졸거나, 행인에게 구걸을 하거나, 자신들끼리 모여 앉아 술판을 벌인다. 그러다 종종 역 직원이나 경찰 등에 의해 쫓겨난다. 쫓아내는 이유는 '민원이 들어왔다', '일반 시민들에게 불편함(불쾌감)을 준다' 등 여러 가지다. 물론 이들이 이용객들을 어느 정도 불편하게 하는 것은 사실이다. 그러나 그렇다고 해서 이들을 쫓아내는 행동을 당연하게 여겨서는 안 된다. 왜냐하면 노숙자도 시민으로서 공공장소를 이용할 권리가 있기 때문이다.

미국의 정치학자 샤츠슈나이더Elmer Eric Schattschneider의 『절반의 인민 주권』이라는 책이 있다. 이 책의 주장에 따르면, 시민들은 모두 똑같은 주권을 갖고 있지 않다. 사람마다 부와 권력에 따라 주권을 행사하는 정도가 다르다. 그렇다면 노숙자는? 거의 주권이 없다고 봐도 틀린 말이 아니다. 노숙자가 공공장소에서 추방되는 것도, 사실상 그들이 '일반 시민'으로 취급되지 않는다는 사실을 의미한다. '일반 시민들에게 불편함(불쾌감)을 주기' 때문에 추방되어야 한다는 말을 음미해 보라. 이 말에서 이미 일반 시민과 노숙자는 분리되어 있다. 노숙자는 '일반 시민'이 아니라는 뉘앙스가 거기에 들어 있다.

옛날에는 당산나무 아래, 우물가, 동구 등 공적 공간이 제법 많았다. 그러나 요즘에는 모든 공간이 '사유화'되어 있다. 공적 공간은 거의 없다. 기차역이나 버스 터미널도 많은 사람들이 운집한다는 의미에서 공공장소이기는 하지만 '공적 장소'는 아니다. 그 안의 통행로, 의자, 휴게실 등은 모두 철도 공사나 버스 운수회사의 '사적 재산'이다. 노숙자가 추방되는 진짜 이유는 소비 능력이 없는 자가 사적 공간에 머무는 것 그 자체에 있다. 일반 시민의 불편함은 명분에 불과하다. 현대사회에서 시민권은 소비 능력이 있느냐, 없느냐에 달려 있다.

　어떤 사람은 더럽고 냄새나는데 어떻게 노숙자와 함께 공공장소를 이용할 수 있느냐고 반문할 수 있겠다. 그러나 이 역시 방법이 없는 것은 아니다. 홍콩에는 아예 노숙자들이 공짜 샤워를 할 수 있는 시설이 공중화장실에 갖춰져 있다. 이런 시설을 마련해 놓으면 노숙자라 하더라도 냄새가 나지 않는다. 결국 문제는 사회가 평등 의식과 인권 의식을 얼마나 구현하고 있느냐의 문제다. 사람들은 흔히 노숙자와 자신이 아무런 관계가 없다고 생각한다. 그러나 노숙자가 되는 사람은 따로 정해져 있지 않다. 특히 우리나라처럼 복지 제도와 사회 안전망이 부실한 상황에서는 실직, 사업 실패, 신용 불량, 가족 해체, 주거 빈곤 등을 이유로 누구나 노숙자로 전락할 수 있다. 그런 측면에서 보면, 노숙자 권익 문제는 노숙자만의 문제가 아니라 우리 모두의 문제다.

지대, 핵심적인
가난의 굴레

　지대(地代)란 땅이나 건물을 빌린 사람이 소유주에게 주는 임대료를 말한다. 집을 빌리면 주인에게 월세나 전세를 내고, 농지를 빌려 농사를 지으면 소작료를 내는데, 이를 바로 '지대'라 한다. 남의 땅이나 집을 빌려 썼으니, 그 대가를 치르는 것은 당연하다고 생각할 수도 있다. 그런데 그 대가가 너무 크다. 땅이나 집을 빌리는 사람은 돈이 없어서 빌리는 것인데, 이 지대 때문에 일을 해도 좀처럼 돈을 모을 수가 없다. 지대는 가난한 사람으로 하여금 가난에서 벗어나지 못하게 하는 가장 큰 이유 중 하나다.

이것은 수치로도 증명된다. 손낙구가 쓴『부동산 계급사회』에 따르면, 1963년부터 2007년까지 우리나라 대도시 땅값은 923배 올랐다. 반면에 1965년부터 2007년까지 도시 근로자 월평균 실질소득은 고작 15배 증가했다. 대도시 땅값이 도시 근로자 실질소득의 60배 이상 오른 셈이다. 땅값이 오르면 그에 따라 지대도 높아지게 마련이다. 지대는 소득수준보다 훨씬 가파르게 상승해 왔다. 이는 오롯이 집 없는 서민들이 감당해야 할 몫으로 남았다. 서민들의 입장에서 보면, 열심히 일을 해서 돈을 좀 모아도, 그러는 동안 집값이 또 올라 있다. 그래서 좀처럼 월세, 전세 신세를 벗어나기 어렵다. 서민들이 가난에서 벗어나지 못하는 것은 이상한 일이 아니다.

우리는 흔히 좋은 집을 빌리면 집세를 많이 내고, 낡고 허름한 집을 빌리면 집세를 조금 낸다고 알고 있다. 그러나 실제로는 반대다. 가장 낡고 허름한 집의 집세가 제일 비싸다. 가장 가난한 사람이 가장 비싼 집세를 내고 산다는 뜻이다. 이게 무슨 말일까? 우리나라의 대표적인 빈민촌 서울역 근처 동자동 쪽방촌을 예로 들어 보자. 현재 이곳의 쪽방들은 그 넓이가 1평(3.3제곱미터)이 채 안 되는 것들이 대부분이다. 한 사람이 누우면 꽉 차는 정도의 공간이다. 이 쪽방의 월세가 20만 원이 넘는다. 방 하나에 그 정도면 서울에서 싼 편 아닌가 생각할 수 있다. 그러나 면적 대비 임대료를 계산해 보면 서울 어느 지역의 아파트 전셋값보다 비싼 가격이다. 그것도 낡고 불편한 시설 상태는 차치하고 면적만 감안했을 때 그렇다. (쪽방들은 창문도 없고, 방음도 안 되며, 화장실도 공동으로 사용한다.)

지대와 관련해 꼭 알아야 할 인물이 있다. 미국의 경제학자 헨리 조지Henry George다. 그는 일찍이 빈익빈 부익부 문제의 핵심에 지대 문제가 있음을 간파했다. 그는 자신의 대표적인 저서 『진보와 빈곤』에서 '사회의 부는 계속 증가하는데도 빈곤이 심화되는 원인은 지대에 있다'고 주장했다. 땅 소유자들이 지대를 명분으로 노동자의 생존에 필요한 최소 부분을 제외한 나머지 전부를 가져감으로써, 노동자들로 하여금 가난을 면치 못하게 한다는 것이다. 헨리 조지는 19세기 사람이었다. 그는 옛날 사람이지만, 그의 통찰은 지금도 여전히 유효하다.

빚 때문에
인생을 저당 잡힌 사람들

현대 사회는 '빚 권하는 사회'다. TV에는 유명 연예인들을 동원한 대부업체의 광고가 일상적으로 나온다. 그 광고들은 언제든 위기의 순간에 구원투수가 되어 줄 것처럼 요란을 떤다. 대부업체 광고만 빚을

권할까? 아니다. 정부도 빚을 권한다. 정부는 앞서 말했듯이 '빚내서 집 사라'는 정책을 꾸준히 펴기도 하지만, 햇살론이나 미소금융 같은 서민 대출 프로그램을 만들기도 한다. 대학생들이 많이 이용하는 '학자금 대출'도 빚이다. 많은 대학생들은 학자금 대출 때문에 사회에 첫발을 내딛기도 전에 채무자가 된다. 사업하는 사람도 종종 빚을 낸다. 매출이 떨어져도 빚을 내고, 사업 규모를 키우기 위해 투자를 할 때도 빚을 낸다. 그뿐인가. 물건을 할부로 사는 것도 빚이다. 어른들이 일상적으로 사용하는 신용카드도 결제할 때는 편하지만, 결국은 갚아야 할 빚으로 돌아온다.

흔히 사람들은 먹고살 돈이 부족한 하층민만 빚을 내는 것으로 생각한다. 그러나 현대인들은 일상적으로 빚을 내며 산다. 빚을 낼 때에는 당연히 이를 갚을 수 있을 것이라 생각한다. 그러나 가족 중 누군가 병이 나서 병원비가 많이 들어가거나, 실직을 하거나, 장사가 잘 안 되거나, 사업이 망하거나 하면 원리금 상환이 연체된다. 그러면 연체 금리가 더 붙어 빚이 더욱 늘어난다. 금융회사는 원리금을 갚으라고 모진 독촉을 한다. 그러면 이에 못 이겨, 또 이자율이 높은 제3금융권이나 사채 빚을 내서 은행 빚을 갚게 되는 상황이 생긴다. 그러면 빚이 눈덩이처럼 불어난다.

빚은 자기 잘못이 아니라, 예기치 않은 외부 충격에 의해서 생기거나 불어날 수도 있다. 거래 은행이 부도가 난다든지, 사업을 하고 있는데 다른 주요 거래처가 도산하는 경우가 그렇다. 은행 부도가 나면 예금했던 돈을 날릴 수 있고, 거래처가 도산하면 받아야 할 돈은 못 받고 직원 월급이라든가, 또 다른 거래처에 결제해 줘야 할 돈이 고스란히 빚으로 남는다. 혹은 전셋집을 얻어 살고 있는데, 집주인이 빚을 못 갚아 집이 은행에 넘어가는 경우에는 보증금을 떼이게 된다. 그렇게 되면 빚을 내서 새로운 집을 구해야 한다. 또한 친구의 빚보증을 섰는데 친구가 빚을 못 갚을 경우, 그 빚은 내 빚이 된다. 심지어 조부모나 사촌형제가 빚을 남기고 사망한 경우, 후순위 상속에 의해 그 빚이 내 빚이 되는 경우도 있다. 이처럼 빚쟁이가 되는 경로는 생각보다 다양하다. 나만 조심한다고 해서 빚이 생기지 않는 것은 아니다.

흔히 사람들은 돈을 빌려 쓰고 갚지 못하는 것을 '비도덕적'이라 생각한다. 불량 채무자를 비도덕적이라고 생각하는 것이다. 그러나 생각해 보면 돈을 빌려주는 금융회사도 도덕적이지는 않다. 가난한 사람에게 약간의 돈을 빌려준 뒤, 높은 이자율과 수수료를 적용해 채무자의 임금과 재산을 지속적으로 가로채기 때문이다. 이를 '약탈적 대출'이라고 한다. '약탈적 대출'을 가능하게 하는 것은 금융회사의 이익을 우선시하는 정부의 정책 때문이다.

당연한 말이지만, 금융회사가 돈을 빌려줄 때에는 채무자의 상환 능력을 잘 판단한 후 빌려줘야 한다. 만약 채무자의 경제 사정이 악화되어 돈을 못 갚으면? 금융회사도 책임을 져야 한다. 왜냐하면 금융회사가 어떤 기업이나 개인에게 돈을 빌려주는 이유는 동정심 때문도 아니고, 자선사업을 하기 때문도 아니다. 대출 업무는 금융회사의 이익을 위한 비즈니스다. 돈을 빌려줬는데 채무자가 망했다면, 금융회사로서는 그 비즈니스가 실패한 것이다. 다른 회사들은 사업을 하다 망하면 회사가 책임을 진다. 이는 금융회사도 마찬가지다. 어느 정도 손해를 감수하는 것이 맞다. 그러나 지금의 법과 제도는 법적, 도덕적 책임을 채무자에게만 돌린다.

빚은 단지 돈의 문제가 아니다. 빚 때문에 채무자는 인생을 저당 잡힌다. 빚이 많아진 사람은 정상적인 생활이 불가능하다. 생필품도 제대로 살 수도 없고, 인간관계도 파괴된다. (이혼도 당하고, 친구도 떠나며, 심지어 가족들과도 멀어진다.) 빚을 갚기 위해 과로하다 병에 걸리거나 사고를 당하기도 하고, 돈이 되는 일은 무엇이든 하다가 불법을 저질러 감옥에 가기도 한다. 혹은 가혹한 빚 독촉에 스트레스를 심하게 받아 정신 질환을 앓기도 하고, 자살하기도 한다. 빚을 진 사람은 자신의 몸과 정신, 시간을 모두 저당 잡힌다고 해도 지나친 말이 아니다.

도시 빈민 운동의 시발점

광주 대단지 사건

1971년 8월 10일, 지금의 성남시 수정구·중원구 일대인 광주 대단지에서 대규모 봉기 사건이 일어났다. '광주 대단지 사건'이라 불리는 이 사건의 참여 인원은 약 5만 명으로 정부 수립 이후 최대 규모였다. 3일 동안 계속된 시위는 상당히 격렬했다. 이 사건으로 경기도 '광주군 성남 지구 도시건설사업소'(일명 성남사업소), 성남출장소(성남 지역 개발 업무를 맡았던 행정기관), 파출소를 비롯해 관용 차량과, 소방차 등이 파괴되거나 불에 탔고, 경찰 20여 명, 주민 7명이 크게 다쳤다. 왜 이런 일이 일어났을까? 정부의 무책임한 이농(離農) 정책과 이주 정책 때문이었다.

1960년대 정부는 경제성장을 위한 공업화와 산업화, 수출 증대에 박차를 가했다. 당시 박정희 정권은 몇몇 기업을 크게 키워, 그 기업들을 중심으로 경제를 성장시키는 정책을 펼쳤다. 그러기 위해서는 많은 공장노동자, 그것도 매우 값싸게 이용할 수 있는 노동 인력이 필요했다. 박정희 정권은 시골에서 농사짓던 사람들을 도시로 끌어와 공장노동자가 되게 했다. 그 핵심적인 방법이 쌀값을 낮은 수준에서 동결시키는 저곡가 정책이었다. 그러자 빈곤에 시달리게 된 농민들이 대거 도시로 이주했고, 그 노동 인력을 기업들이 흡수했다. 저곡가 정책은 값싼 임금을 가능케 했으며, 이는 기업의 이익을 보장해 주었다.

농민들이 대거 도시로 몰려왔지만, 도시에는 그 많은 사람들이 살 집이 마련되어 있지 않았다. 그들은 하천이나 산기슭을 점유하여 무허가 판잣집을 짓고 살았다. 불법점유 시설물인 만큼 정부의 단속이 있었지만, 그럼에도 불구하고 서울의 판자촌 규모는 점점 커져 갔다. 1960년대 중반 무허가 건물이 차지하는 비중은 전체의 38%에 달했다. 값싼 노동력이 공급되는 것은 좋았지만, 이농민이 너무 많아져 대한민국의 심장부인 서울이 슬럼화되는 것은 정부로서도 큰 부담이었다. 이에 정부는 서울 외곽에 집단 거주지를 만들어 이들을 이주시키기로 했다. 그 집단 거주지가 광주 대단지였다.

당시 정부는 판자촌 사람들에게 이렇게 말했다. '무허가 건물 단속과 철거의 위협에 시달리며 사느니, 경기도 광주가 서울에서 좀 떨어져 있기는 하지만, 그렇다고 출퇴근하는 것이 불가능한 거리도 아니고, 싼값에 땅을 제공받아 합법적으로 내 집에서 살면 좋지 않느냐?' 많은 사람들이 이 말만 믿고 이주했다. 그런데 와서 보니, 도로, 전기, 수도 시설도 갖춰지지 않은 황무지였다. 처음에 정부는 서울로 출퇴근할 수 있는 버스 노선을 마련해 주겠다, 근처에 공장을 여러 개 지어 먹고살 수 있게 해 주겠다고 약속했다. 그러나 이러한 약속은 제대로 지켜지지 않았다.

상황은 끔찍했다. 공중화장실도 없어 주변이 온통 인분으로 뒤덮였고, 이질과 콜레라 등 전염병이 창궐했으며, 생계 수단이 없어져 굶어 죽는 사람이 속출했다. 정부가 사실상 아무 대책 없이 가난한 사람들을 황무지에 갖다 버린 것이나 마찬가지였다. 민심은 폭발했고, 대규모 폭력 사태로 이어졌다. 사태는 3일 만에 정부가 구호양곡 확보, 생활보호 자금 지급, 공장 건설 등 주민들의 요구를 전격 수용하면서 진정되었다. 광주 대단지 사건은 우리나라 빈민 운동의 시발점이었다. 이 사건은 정부의 이농 정책으로 농민이 도시 빈민이 되고, 도시 빈민이 철거민이 되어서, 결국 집단으로 이주된 철거민이 봉기를 일으키는 일련의 과정을 잘 보여 준다.

가난한 고시생을 살인범으로 만든 판자촌 철거

무등산 타잔 사건

무등산 타잔 사건은 광주 무등산 판자촌에 살던 한 청년이 1977년 자신의 움막을 철거하러 온 철거반원 4명을 쇠망치로 살해한 사건이었다. 이 사건의 가해자인 박흥숙(당시 21세)도 시골에서 농사짓는 것으로는 생계를 유지하기 힘들어 도시로 온 이농민이었다. '무등산 타잔'은 박흥숙의 별명이다. 평소 운동을 해 탄탄한 근육과 날쌘 몸놀림으로 유명했던 그였기에 이 사건은 '무등산 타잔 사건'으로 불리게 되었다. 그러나 이 별명은 그의 과격성을 부각시키기 위해 정부와 언론이 만든 것이었다. 그는 그저 체력 관리를 하며 열심히 사법고시를 준비하던 가난한 청년이었을 뿐이다.

살길이 막막해 시골에서 도시로 나오기는 했지만 살 집이 없었던 박흥숙의 가족은 판자촌인 광주 무등산 덕산골에 움막을 짓고 살았다. 움막은 식구들이 모여 살 수 없을 만큼 열악했다. 그래서 여동생은 초등학교를 중퇴하고 가정부로 가고, 모친은 절에서 식모 노릇을 하는 등 식구들이 뿔뿔이 흩어졌다. 이에 박흥숙은 50일 동안 배를 곯아 가면서 가족들이 모여 살 만한 판잣집을 지었다. 물론 불법이었다. 그때 박흥숙은 일기에 이렇게 썼다.

"(집 짓는 과정이) 정말 고달프고 쓸쓸했다. … 조그맣고 보잘것없는 집이었으나 어머님을 기쁘게 해 드릴 수 있는 유일한 것이었다." 어찌어찌해서 가족들이 모여 살게는 됐지만, 역시 무허가 건축물인 것이 문제가 되었다. 덕산골로 철거반원들이 몰려왔고, 철거가 시작되었다. 사건 당일 박흥숙은 순순히 철거에 응했다. 스스로 집에서 가재도구를 들어내며 협조했다. 가재도구가 다 빠지자, 철거반원들은 불을 지르려 했다. 그러자 박흥숙이 비를 막기 위해 지붕 위에 쳐 놓은 천막(1만 5,000원짜리)이라도 건진 다음에 불을 놓으라고 부탁했다. 철거반장은 '그러마' 하고 부탁을 들어주겠다고 했다.

그런데 박흥숙이 잠시 자리를 비운 사이 약속을 어기고 불을 질렀다. '이런 것들을 놔두면 또다시 움막을 짓는다'는 것이 이유였다. 철거반원이 불을 지르자, 박흥숙의 모친은 움막 천장에 그동안 푼푼이 모아 둔 30만 원과 봄에 뿌릴 씨앗이 있음을 기억해 내고 이를 찾기 위해 집 안으로 뛰어들려 했다. 그런 어머니를 철거반원이 밀어 쓰러뜨렸다. 잠시 후 자리로 돌아온 박흥숙은 이때까지도 분노를 추스렸다. 하지만 움막촌 가장 꼭대기에 살고 있던 늙은 노부부의 움막에서 연기가 피어오르는 광경을 본 박흥숙은 그만 이성을 잃고 말았다. 더 이상 갈 곳 없는 노부부의 집마저 태워 버리는 그들의 행동에 크게 격분해, 그는 쇠망치로 철거반원 4명을 죽이고 말았다.

이 사건은 언론에 대서특필되었고, 이틀 후 박흥숙은 자수했다. 그리고 3년 후 사형당했다. 어려운 가정 형편으로 중학교를 중퇴한 그는 철물 공장에서 일하며 사법고시를 준비했던 건실한 청년이었다. 그의 초등학교 생활기록부에는 "머리가 비상하고 마음이 착하며 (가난하지만) 남에게 동정받지 않으려 한다. 혼자 자립하려고 노력한다."고 쓰여 있었다. 그랬던 청년이 순식간에 살인범이 되고 말았다.

가난은 어떻게 대물림되는가

조은의 『사당동 더하기 25』

사회학자 조은이 쓴 『사당동 더하기 25』는 절망적인 책이다. 빈민들은 개인이 아무리 노력해도 좀처럼 가난에서 벗어나기 힘들다는 사실을 보여 주기 때문이다. 이 책은 서울 사당동의 한 도시 빈민 가족(정금선 할머니네)을 대상으로, 1986년부터 2011년까지 장장 25년 동안 그들의 삶이 어떻게 변하는지를 관찰해 기록했다. 이 책에는 우리가 평소 빈민들에게 가질 법한 많은 질문들에 대한 답이 들어 있다. 예를 들어 빈민들은 흔히 진득하게 한 가지 일에 종사하지 못하고 여러 직업을 전전한다. 이 책에 나오는 큰 손자 영주만 하더라도 어릴 때부터 공장일, 신문 배달, 암표 장사, 자동차 정비업, 인쇄소, 체육관 사범, 건설 노동자 등 안 해 본 일이 없다. 이렇게 여러 직업을 전전하는 이유는 성실하지 않거나 성격이 진득하지 않아서가 아니라 가난한 사람들이 주로 부도 위기에 처하기 쉬운 영세 하청 업체나 일용직에 종사하기 때문이다. 일하고도 임금을 떼이는 경우가 허다하고, 취직을 해도 금방 실직하기 일쑤다. 이러니 이직률이 높고, 돈도 모이지 않는다.

빈민들이 빚을 자주 내는 이유도 사치 때문이 아니라 돈이 너무 없기 때문이다. 저자가 가난한 동네에서 수시로 들은 말은 '우리가 가진 거라고는 몸뚱아리밖에 없다'는 것이었다. 이들은 돈만 쥘 수 있다면 자신의 모든 것을 판다. 그렇게 하지 않으면 살 수가 없기 때문이다. 적은 돈에 대포폰이나 대포통장을 만드는 데 필요한 명의를 빌려줌으로 자신도 모르는 사이 범죄에 연루되기도 하고, 자신의 몸을 팔기도 한다. 이들이 돈을 만질 수 있는 또 다른 방법은 노름과 빚이다. 나이 든 세대가 주로 노름을 한다면, 젊은 세대는 복권에 집착한다. 젊은 빈곤층들은 성형수술에도 집착하는데, 이 역시 몸이 유일한 생존 수단이기 때문이다.

이 책에 등장하는 가족들은 공부를 제대로 하지 못해 '장점'이나 '성실' 같은 일상적 단어들도 무슨 말인지 잘 알아듣지 못한다. 이러한 무지, 그리고 알코올중독에 잘 걸리는 것, 결혼을 하고도 쉽게 바람이 나거나 가출하는 것, 혹은 범죄에 쉽게 연루되는 것을 흔히 사람들은 빈곤의 원인으로 여긴다. '저렇게 아무렇게나 사니 가난할 수밖에 없다'는 것이다. 그러나 이 책에 따르면, 아무렇게나 사는 삶은 빈곤의 원인이 아니라 빈곤의 결과였다. 게다가 이는 정금선 할머니네만의 문제가 아니었다. 저자는 임대 아파트 이웃 주민들도 관찰을 했는데 모두 비슷한 모습을 보였다.

저자는 할머니-아들-손주 3대의 삶을 25년 동안 관찰했다. 그러나 그러는 동안 그들의 삶의 조건은 나아진 것이 거의 없었다. 가난의 대물림은 끈질겼다. 가난은 사회구조의 문제이며, 그 안에서 지독할 정도의 악순환이 만들어진다는 사실을 이 책은 잘 보여 준다.

용접공이 말한다. "저는 기계입니다."

은행 출납계원이 말한다. "저는 갇혀 있습니다."

호텔 안내원도 같은 말을 한다.

철강 노동자가 말한다. "저는 노새입니다."

접수계원이 말한다. "제가 하는 일은 원숭이도 할 수 있어요."

이주 노동자(농장을 옮겨 다니며 품팔이를 하는 인부)가 말한다.

"저는 농기구나 다를 바 없습니다."

패션모델이 말한다. "저는 물건입니다."

블루칼라와 화이트칼라 모두 이구동성으로 말한다.

"저는 로봇입니다."

— 스터즈 터클, 『일』(이매진)에서

키워드

9

노동

사람을 먹여 살리기도 하고,
죽이기도 하는 '일'

눈에 잘 보이지 않는 노동

: 그림자 노동 :

그림자는 우리가 어디를 가든 늘 따라다닌다. 하지만 우리 눈에 잘 들어오지 않는다. '그림자 노동'도 마찬가지다. 우리가 일상적으로 하는 노동이지만, 잘 인식이 안 된다. '그림자 노동'이라는 말을 처음 사용한 사람은 오스트리아 출신의 철학자 이반 일리치Ivan Illich다. 그는 같은 제목의 책『그림자 노동』을 통해 이 개념을 널리 알렸다. 그는 '대가 없는 노동은 임금노동이라는 본체에 붙은 그림자와 같다'는 의미에서 '그림자 노동'이라는 말을 썼다. 이게 무슨 말일까? 그가 대표적인 '그림자 노동'으로 꼽는 가사노동을 예로 들어 설명해 보겠다.

잘 알고 있다시피, 가사노동은 장을 보고, 밥하고, 반찬 만들고, 빨래하고, 청소하고, 설거지를 하는 것 등을 말한다. 주로 주부가 도맡아 하는 이 가사노동은 날마다 행해지지만, 눈에 잘 띄지 않는다. 임금노동과 비교하면 별로 중요하게 여겨지지도 않는다. (간혹 주부가 '집에서 노는 사람'으로 취급되는 것을 생각해 보라.) 상품을 생산하는 일도 아니고, 돈을 버는 일도 아니기 때문이다. 그렇다고 해서 가사노동이 중요하지 않은 것은 아니다. 가사노동은 일상생활을 영위하는 데에 꼭 필요하다. 그러나 그뿐일까? 가사노동에는 더 중요한 의미가 숨어 있다.

자본주의 사회에서는 상품생산이 중요하다. 상품생산이 이루어지기 위해서는 노동력이 지속적으로 공급되어야 한다. 노동력 재생산에 결정적 기여를 하는 것이 바로 가사노동이다. 가정 내 임금노동자는 퇴근 후 집에 들어와 밥을 먹고, 휴식을 취할 수 있어야 한다. 또한 아침에 출근하기 위해서는 입고 나갈 옷이 세탁되어 있어야 한다. 아이를 키우는 일도 미래의 노동자를 만들어 내는 일이다.

가사노동이 없으면 임금노동은 불가능하다. 누군가가 매일매일 공들여서 하는 무보수 가사노동으로 이득을 보는 측은 결국 자본이다. 그래서 자본과 자본이 구성하는 사회가 그림자 노동의 대가를 지불하는 것이 마땅하다는 의견이 있다.

현대인들은 시간과 노력을 절약해 주는 편리한 물건들을 많이 갖고 있다. 세탁기, 냉장고, 식기세척기, 믹서기 등이 그것이다. 그럼에도 늘 '시간에 쫓기는' 주된 이유 중 하나는 그림자 노동 때문이다. 예를 들어 전기 청소기는 청소 시간을 줄여 준다. 그러나 집 안의 먼지는 어디로 사라진 것이 아니다. 청소기 안에 잔뜩 모여 있을 뿐이다. 우리는 가끔씩 청소기 안의 먼지를 털어 내 주지 않으면, 즉 '청소기를 청소'해 주지 않으면 안 된다. 그뿐인가. 고장이 나면 기술자를 부르거나 서비스 센터를 찾아가야 한다. 이 모든 것이 그림자 노동이다. 그림자 노동 시간이 많아질수록 우리에게는 여유 시간이 없다.

그 외에도 그림자 노동은 우리 주변에서 흔히 이루어진다. 주유소에서 고객이 직접 차에 기름을 넣는 것, 패스트푸드점이나 카페에서 먹고 난 음식물과 커피 잔을 치우는 것, 마트에서 직접 채소나 과일을 비닐봉지에 담는 것 등은 모두 예전에는 직원들이 했던 일이다. 기업들은 소비자에게 그림자 노동을 하게 함으로써 인건비를 줄여 이윤을 극대화한다.

돈으로 계산될 수 없는 노동

: 돌봄 노동 :

사람은 어릴 때와 늙었을 때 가족의 돌봄을 필요로 한다. 그리고 다치거나 아프거나 장애가 생겼을 때도 돌봄이 필요하다. 이렇게 스스로 자신을 돌볼 수 없는 사람, 즉 노인, 영·유아, 장애인, 병자 등이 일상생활을 할 수 있도록 돕는 노동을 '돌봄 노동'이라 한다. 돌봄 노동은 전통적으로 가족들이 해 왔다. 그러나 요즘은 많이 '시장화'되었다. 돌봄 노동 종사자로는 보육 교사, 유치원 교사, 요양 보호사, 간병인, 간호사, 가사 도우미, 장애인 활동 보조인 등이 있다. 지금의 돌봄 노동은 용역 서비스 노동자에게 하청되는 상품이 되었다.

돌봄 노동 시장이 커진 데는 워킹 맘들이 많아진 탓도 있다. 직장일과 육아, 가사를 병행하는 워킹 맘들은 육아와 가사의 짐을 덜기 위해 돌봄 노동 시장을 이용한다. 그러나 다른 이유도 있다. 자본이 조장하는 경쟁의식 때문이다. 자본은 부모들이 아이를 자유롭게 기르는 것을 허락하지 않는다. 자본은 끊임없이 '좋은 부모라면 아이에게 이 정도의 돌봄 서비스는 제공해야 한다'며 부추긴다. 자본은 미래의 노동자를 키우는 돌봄 노동에 보수를 지급하지 않을 뿐 아니라, 부모들끼리 경쟁을 시킴으로써 돌봄 서비스 상품을 이용하게 해 이윤을 뽑아낸다.

양육과 교육에 관련된 서비스 이용은 아이를 더 잘 키우려는 부모의 욕망을 자극함으로써 이루어진다. 그러나 노부모에 대한 돌봄 상품 이용은 대개 반대다. 성인 자녀들은 자기 자식을 돌보기 바빠 노부모를 돌볼 여유가 없다. 경쟁 시스템 탓에 자녀를 기르는 데 너무 많은 그림자 노동이 소요되기 때문이다. (학원 스케줄 짜 주기, 입시 정보 알아보기, 학교 준비물 챙겨 주기, 숙제 돕기, 체험 학습 시켜 주기 등) 그런 탓에 노부모가 아프면, 간병인이나 요양 보호사에게 돌봐 달라고 맡기는 경우가 많다. 그러나 이렇게 시장에 맡기는 것으로 돌봄이 다 해결될까?

돌봄 노동은 단순한 감정 노동이 아니다. 그것은 인간적인 정서적 교류와 유대감이 필요한 노동이다. 인간적인 정서적 교류와 유대감은 시장이 제공해 줄 수 있는 것이 아니다. 노부모를 간병하는 일이 힘들고 피곤하다고 생각하는 사람들이 많을 것이다. 그러나 임금노동자들의 노동시간이 대폭 줄고 받는 임금도 충분하다면, 그래서 몸과 마음의 여유가 충분하다면 기꺼이 노부모를 돌보며 시간을 보내고자 하는 사람들도 많아질 것이다. 인간은 본질적으로 상호 의존적 존재이며 누구나 돌봄을 필요로 한다. 인간에게는 사랑과 위안을 나누고자 하는 욕망이 있다. 답은 '돌봄의 시장화'가 아닌 '돌봄의 사회화'에 있다. 돌봄을 사회화한다는 것은 가족, 특히 여성에게 일임된 돌봄 노동을 가시화하고 돌봄 공동체를 사회적으로 재구성하는 것을 의미한다.

노동이 인간을
인간답게 만든다

흔히 사람들은 '노동' 하면 '하기 싫은 것', '힘든 것'이라고 생각한다. 그러나 이는 '임금노동'에 대한 감정이다. 머나먼 옛날의 노동은 지금과는 달랐다. 그 옛날, 노동은 인간을 인간답게 만든 원동력이었다. 주지하다시피, 인간은 지구상에서 의식이 가장 발달한 동물이다. 인간의 가장 큰 특징은 뇌의 발달에 있다. 인류 문명도 모두 인간의 뇌에 의존해 만들어졌다. 그런데 뇌의 발달에 결정적인 영향을 미치는 것이 바로 노동이다. 인간이 세계를 인식하고 변화시킬 수 있었던 것, 인간이 사고하는 존재가 된 것, 자연법칙과 구별되는 사회 규칙을 만들고 세상을 창조할 수 있었던 것도 모두 노동 덕분이었다.

예술비평가 에른스트 피셔^{Ernst Otto Fischer}는 『예술이란 무엇인가』에서 이렇게 썼다. "벌이 벌집을 짓는 기술은 많은 인간 건축가들을 무색케 한다. 그러나 건축가는 밀초로 집을 짓기 전에 머릿속에서 이미 집을 짓는다." 벌은 본능적으로 집을 짓지만, 인간은 머릿속으로 일정한 목적을 상정해 놓고, 자신의 노동이 낳을 결과를 예상하면서 집을 지어나간다는 말이다. 물론 자신이 예상한 대로 작업이 진행되지 않을 수도 있다. 그러면 또 그런대로, 어떻게 하면 난관을 극복할 수 있을지 그 방법을 모색하면서 목표를 향해 전진해 간다. 작업의 어려움을 효과적으로 극복한 방법들은 지식으로 축적되어 다른 사람들에게 전달된다. 이는 다시 다른 노동에 적용된다.

인류의 조상들은 손으로 물건을 잡는 방법을 배웠고, 손에 쥔 물건을 보면서 생각했다. 노동은 사물과의 적극적인 접촉, 그리고 그에 대한 탐색을 동반했다. 나중에는 손에 쥔 물건의 모양을 바꾸는 방법도 알아냈다. 그렇게 도구를 만들었고, 그 도구가 할 수 있는 작업을 지적으로 예측하고 실행해 나감으로써 문명을 건설할 수 있었다. 탐색과 의욕 속에서 인간은 사물과 끊임없이 대화했고, 그 결과 사물과 세계에 대한 비평 수준도 높아졌다. 이렇듯 손과 도구와 뇌의 상호작용은 뇌의 발달을 촉진한 원동력이었다.

노동은 개인적으로 이루어지기도 했지만, 집단적으로 이루어지기도 했다. 집단적인 노동의 경우는 협력이 필요했고, 협력은 의사소통을 필요로 했다. 의사소통의 필요성은 언어를 발달시켰다. 언어가 발달할수록 인간의 사고는 더욱 정교해졌다. 우리는 노동을 손으로 한다. 손과 뇌가 서로 대화하면서 말이 진화했음을 보여 주는 예들은 많다. 예를 들어 우리는 어떤 개념을 이해할 때 '파악한다'고 하는데, 이때 '파악'은 '잡을 파(把)'와 '쥘 악(握)' 자를 쓴다. 개념을 이해하는 것을 '손에 쥔다'고 표현하는 것이다. "마음 좀 잡아", "문제를 붙잡다" 같은 표현도 마찬가지다. 칸트^{Immanuel Kant}는 "손은 마음에 이르는 창문"이라 했다. 손은 문화의 본질적 기관이며 인간화의 창시자다.

직장도
중독된다

우리나라 직장인들의 노동시간은 세계 1~3위를 다툴 정도로 길다. (2014년도에 1위를 기록했다가, 2015년도에는 다행히 3위로 내려갔다.) 점심시간과 출퇴근 시간, 야근 등을 포함해 하루 12시간 가까이 임금노동에 몸 바치는 경우가 흔하다. 수면 시간도 늘 부족해 만성피로를 호소하는 직장인들이 많다.

이렇게 노동시간이 길면, 일반적으로는 퇴근 후에는 직장과 관련된 생각을 깨끗이 잊고 휴식을 취하거나 개인 시간을 갖고 싶어 할 것이라고 생각하기 쉽다. 그러나 현실은 그렇지 않다. 많은 직장인들이 퇴근 후에도 업무와 관련된 고민에 빠져 있거나, 동료들과 술자리를 갖거나, SNS로 동료들과 메시지를 주고받는다. 이유가 무엇일까?

물론 빠지기 힘든 회식이 있다거나, 직장에서 해결하지 못한 일이 있어서 그럴 수도 있다. 그러나 그런 일이 없어도 자발적으로 동료들과 술자리를 갖거나, 별것 아닌 잡담을 SNS로 주고받는다. 이것은 '직장 중독'이라 할 만하다. 순환 논리처럼 들리겠지만, 직장 중독을 발생시키는 가장 큰 요인은 너무 긴 노동시간 때문이다. 우리나라 직장인들처럼 잠자는 시간을 뺀 나머지 시간 전부를 직장에 쏟아붓게 되면, 일종의 관성이 생긴다. 가정보다는 직장이 훨씬 익숙한 시공간이 되고, 생활의 중심이 된다. 직장 내 인간관계나 업무가 가장 중요해지고, 심지어는 퇴근 후에도 직장 동료들과 시간을 보내게 된다.

사람들이 퇴근 후에도 직장의 틀을 벗어나지 못하는 데는 다른 이유도 있다. 바로 스마트폰 때문이다. '모바일 오피스'라는 게 있다. 사내 통신망을 스마트폰까지 확장해, 사무실 밖에서 이동하면서도 회사 일을 처리할 수 있게 한 것을 말한다. 임직원이 어디에 있든 상관없이 그곳이 사무실이 되는 것이다. 그래서 스마트폰을 갖고 있는 한, 퇴근을 해도 퇴근한 것이 아니다. 스마트폰을 들고 퇴근한다는 것은 말 그대로 '사무실을 손에 들고' 퇴근한다는 의미다. 직장 상사는 퇴근 후에도 스마트폰으로 '급한 일이 생겼으니, 잠깐 회사에 다시 들어오라'고 종용하거나, '고객사에서 메일을 보냈다고 하는데 지금 한번 확인해 보라'고 요구할 수 있다. 이렇게 일과 시간이 끝난 후, 사무실 밖에서 일하는 시간들은 통계에 잡히지도 않는다. 당연히 잔업수당이 지급되지도 않는다.

요즈음은 워커홀릭이 많다. 이와 관련해 성취욕과 높은 보수를 얻고자 하는 욕구가 점점 더 일에 탐닉하게 한다고 분석하는 사람도 있다. 그러나 워커홀릭이 많아지는 데는 IT가 만들어 낸 노동 환경의 변화가 결정적인 역할을 했다. '언제 어디서든 자유롭게 일할 수 있다'는 어젠다(agenda)는 '언제 어디서든 일하라'는 압력으로 변했다. 이는 퇴근 후에도, 심지어 휴일에도 일해야 한다는 압력으로 작용하고 있다. IT 때문에 직장인들의 머릿속에서는 좀처럼 직장 업무나 과제가 떠나지 않는다. IT는 노동과 여가의 경계를 소멸시키고, '직장 중독'이라 불릴 만한 현상을 만들어 낸다.

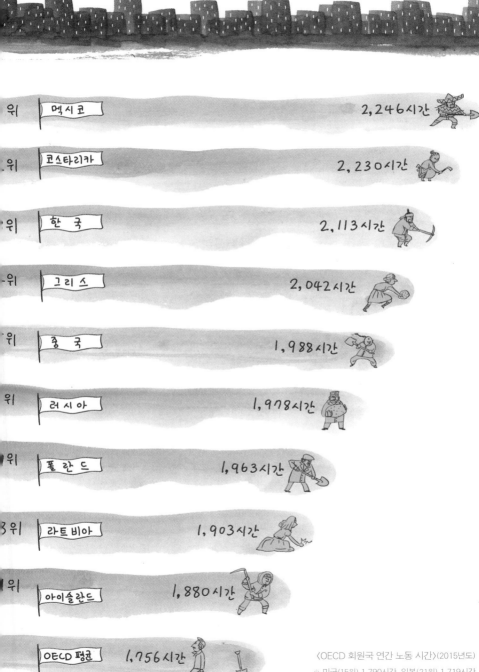

위 | 멕시코 | 2,246시간

.위 | 코스타리카 | 2,230시간

위 | 한 국 | 2,113시간

위 | 그리스 | 2,042시간

위 | 중 국 | 1,988시간

위 | 러시아 | 1,978시간

위 | 폴란드 | 1,963시간

위 | 라트비아 | 1,903시간

위 | 아이슬란드 | 1,880시간

OECD 평균 | 1,756시간

〈OECD 회원국 연간 노동 시간〉(2015년도)

※ 미국(15위) 1,790시간, 일본(21위) 1,719시간

그 많던 장인들은
다 어디로 갔을까

일하는 사람은 크게 세 부류로 나눌 수 있다. 노동자, 장인, 예술가가 그것이다. 노동자의 일은 기획과 실행이 일치하지 않는다. 기획하는 사람이 위에 따로 있고, 노동자는 위에서 시키는 일을 거대한 분업 시스템 속에서, 그 일부만 맡아서 작업한다. 그러다 보니 대체로 일이 단순하다. 일의 결과로 어떤 결과물이 나오기는 하지만, 작업 전체를 총괄하는 일은 아니어서 그 결과물이 '내 것'이라는 느낌이 별로 없다.

반면에 장인이나 예술가의 일은 기획과 실행이 일치한다. 장인과 예술가는 어떤 작업을 어떻게 할 것인가를 스스로 정하고 이를 실행한다. 장인과 예술가는 자기 일 전체를 스스로 통제한다. 일에 있어서 상당한 자율성과 독립성을 갖는다. 그래서 작업의 결과물이 '내 것'이라는 느낌이 강하다. 일반적으로 노동자의 일은 월급 받는 사람으로서 자신이 해야 하는 업무를 처리하는 것이지만, 장인과 예술가의 일은 그 이상의 자기 개성, 정신, 영혼의 표현이다. 그래서 자기 일에 대한 자긍심이 강하고, 자기 일을 사랑하는 사람들도 많다.

장인과 예술가의 차이점은 무엇일까? 장인은 일정한 종류의 물건을 '반복해서' 만든다. 그러나 예술가는 한 번 만든 물건은 다시 만들지 않는 경우가 많다. 장인이 만드는 물건이 실용적이라면, 예술가의 작품은 대개 실용성을 초월한다. 예술 작품은 관념적, 정서적 만족을 주는 것이 주목적이다. 장인이나 예술가나 작업에 개성, 정신, 영혼을 불어넣기는 마찬가지이지만, 생산물에 녹아 있는 개인적 성격은 아무래도 예술가가 더 진하다고 할 수 있다. 예술가는 자신의 이름을 걸고 작품을 만들지만, 장인들은 그렇지 않은 경우가 많다.

옛날에는 각 분야의 장인들이 많았다. 그러나 지금은 거의 남아 있지 않다. 이유가 무엇일까? 장인의 시장을 모두 기업이 앗아 갔기 때문이다. 산업자본이 성장하면서 독립 장인들은 모두 설 곳을 잃고 산업 노동자로 편입되었다. 공장의 거대한 분업 시스템 속에서 장인의 총체적인 기술은 쓸모가 없어지고 말았다. 예를 들어 공장의 기성복이 나오면서 맞춤복은 사양길이 되었다. 공사 현장의 공법(工法)이나 재료가 기계화·조립화되면서 목수의 일자리도 줄어들었다.

미국의 철학자 루이스 멈포드Lewis Mumford는 "기술의 목적은 노동의 절약이 아니라 노동에 대한 사랑에 있다"고 했다. 우리는 기업에서 기계로 대량생산된 제품들, 규격화된 제품들을 입고, 신고, 쓴다. 옛날 장인들은 개개인의 취향과 요구에 맞춰 물건을 생산했다. 말하자면 인간 중심적 생산이었다. 그러나 지금은 공장에서 나온 제품들에 사람들이 입맛, 취향, 신체 사이즈를 맞춰야 한다. 모두 장인의 시장이 붕괴된 뒤에 생겨난 현상이다.

산업화는 단지 장인들의 생계만 어렵게 만든 것이 아니다. 기계화, 분업화, 조립화, 규격화를 동반한 산업화는 생산성은 높였지만, 인간 노동력의 가치를 하락시켰다. 그리고 무엇보다 노동과정에서 생겨나는 의미, 열정과 인간의 성장을 없애 버렸다. 많은 사람들이 일의 주인이 아니라 노예로 전락했다.

예술 같은 노동,
노동 같은 예술

'힘든 일'은 '고통스러운 일'이라고 생각하기 쉽다. 그러나 자신이 하고 싶은 일이고, 그 일을 하면서 자신의 역량을 마음껏 발휘할 수 있으며, 그 결과물에 자신의 개성과 정신이 온전히 담겨 있다면 다소 힘이 든다 해도 고통스럽지는 않다. 오히려 일이 재미있다. 이러한 이상적인 노동의 행태를 우리는 예술에서 발견할 수 있다. 예술은 일하는 사람을 결코 소외시키지 않는다. 예술을 하는 일 자체가 인간에게 기쁨을 준다.

우리나라는 세계에서도 노동시간이 가장 긴 편에 속한다. 그래서 노동자들은 노동시간을 줄여 달라고 늘 요구한다. 이 주장은 옳다. 그러나 여기에는 빠진 것이 있다. 바로 노동의 성격에 대한 논의다. 만약 노동이 예술가의 일처럼 주체적이고 실존적 만족을 준다면, 노동시간은 부수적인 문제가 될 수도 있다. 예술에서는 일과 놀이가 분리되지 않는다. 일이 놀이이고, 놀이가 일이다. 하기 싫은 일을 억지로 하는 것이 아니어서, 오래 해도 잘 지치지 않는다.

모든 사람을 예술가로 만들자는 말은 아니다. 그러나 노동이 단지 생계의 수단이 되는 것을 넘어설 필요는 있다. 노동은 노동자의 인간적이고 실존적인 욕구를 만족시키는 방향으로 변화해야 한다. 그러기 위해서는 앞서 말한 문학예술의 성격들이 가미되어야 한다. '예술 같은 노동'이 필요한 것이다. 그런데 요즘은 경제적 보상과 무관하게 자기 일에 열정을 쏟아붓는 예술가의 노동 행태가 노동 착취를 위해 악용되곤 한다. 노동자들은 흔히 예술가처럼 돈을 위해서가 아니라 '너의 자아실현을 위해 일하라', '모든 에너지를 쏟아부어 열정적으로 일하라', '작업 결과가 예술품이 되게 하라'는 요구를 받는다.

호칭도 훨씬 고급스러워졌다. 주방장은 셰프로, 제빵사는 파티시에로, 커피 뽑는 노동자는 바리스타로 불린다. 호칭이라도 고급스럽게 불러 주면 좋지 않느냐고? 그렇게 부르는 데는 다른 이유가 있다. 이를테면 카페 사장은 커피 뽑는 노동자에게 '바리스타면 바리스타다운 프로 정신을 가지라'고 말할 수 있다. 그러면서 노동의 강도를 높일 수 있다. 혹은 바리스타다운 재능과 끼를 갖추지 못했음을 이유로 임금을 깎을 수도 있다. 이럴 때 임금은 노동의 대가가 아니라 재능, 끼에 대한 포상으로 둔갑한다.

노동자들은 예술 같은 노동을 요구받는 한편, 예술가들은 '예술이 노동처럼 변했다'고 한탄한다. 예술에는 본래 공공성이 있다. 그래서 대부분의 선진국에서는 예술가들의 생계비를 지원한다. 그러나 우리나라에서는 예술의 공공성을 부정하지 않으면서도, 예술가들에게 생계비 지원을 거의 하지 않는다. 이에 대부분의 예술가들은 생계비 이하의 소득, 그나마도 불규칙한 수입으로 고통받는다. 생계를 유지하기 위해서는 장시간 저임금 노동에 시달려야 한다.

요즘의 예술가들은 모두 '1인 기업가'가 되기를 강요받고 있다. 예술의 유통 경로를 대부분 자본이 독식하고 있는 까닭에, 자신의 작품이 대중과 만나기 위해서는 자본과 타협하지 않으면 안 된다. 자본의 마음에 들거나, 적어도 자본이 거부하지 않아야 예술가들은 자기 작품을 유통시킬 수 있다. 자본을 의식한, 자본의 요구에 맞춘 작품들을 생산해 낸다는 점에서 예술 활동은 자유롭지 않다. 자유롭지 않은 예술 활동은 노동과 다를 바 없다. 예술가들이 '예술이 노동으로 변했다'고 말하는 이유다.

노동자와 근로자,
무엇으로 불러야 좋을까?

우리는 흔히 고용되어 일하는 사람을 '노동자'라 한다. 그리고 고용하는 사람을 '사용자'라 한다. 사용자는 기업일 수도 있고, 자영업자일 수도 있으며, 정부 같은 공공기관일 수도 있다. 사용자가 기업이든, 자영업자든, 정부든, 누구에겐가 고용되어 일하는 사람은 모두 '노동자'다. 흔히는 건설 현장의 일용직이나 택배 기사, 공장에서 일하는 사람들만 '노동자'라 여기는 경우가 많다. 아니다. 누구에겐가 고용되어 있다면, 의사든, 공무원이든, 교사든, 교수든, 변호사든, 스포츠 선수든, 아나운서든 모두 노동자다. 자신의 노동력을 제공하고 그 대가로 임금을 받는 사람은 지위고하를 막론하고 모두 노동자다. 노동자는 '임금노동자'의 준말이라 봐도 무방하다.

노동자와 비슷한 말로 '근로자'가 있다. 정부나 기업이 애용하는 말이다. 왜 정부나 기업은 '노동자' 대신 '근로자'라는 말을 쓸까? 거기에는 이유가 있다. '노동자'라는 개념은 '사용자'와 대등한 관계를 전제로 한다. 노동자는 사용자와 계약을 맺은 만큼 노동력을 제공함으로써 사용자의 사업 이익에 도움을 주는, 일종의 파트너 개념이다. 사용자의 지휘를 받기는 하지만, 그렇다고 자신의 노동에 대한 주체성을 포기하지도 않는다.

'근로자(勤勞者)'는 '부지런히 일하는 사람'이라는 뜻이다. 그냥 '일하는 사람(노동자)'이라 부르지 않고 '부지런히 일하는 사람'이라 부르는 것은 좀 이상하다. 이 말에는 임금을 받고 일하는 사람은 '(사용자가 시키는 대로) 마땅히 부지런히 일해야 한다'는 뉘앙스, 그렇게 하지 않으면 '나쁜 노동자'라는 논리가 포함되어 있다. 이런 논리라면 근로자의 반대말은 사용자가 아니라 '호업주(好業主, 마음씨 좋은 사용자)'가 되어야 한다. 그래야 양쪽의 균형이 맞는다. '근로자'는 노동자에게만 일방적으로 강요된, 부당한 도덕적 프레임이다.

노동자와 근로자의 차이는 크다. '노동자'라고 부르는 경우, 임금노동을 하는 사람은 누구나 노동자로서의 권리와 자유를 누릴 수 있는 존재가 된다. 그러나 '근로자'라고 부르는 경우, 사용자가 시키는 대로 부지런히 일하고, 임금은 사용자가 주는 대로 받아야 하는 사람이 된다. 여기에 고분고분 따르지 않는 사람은 그 권리와 자유를 누릴 수 없는, 누려서는 안 되는 존재로 전락하는 것이다. '근로자'라는 말이 갖는 정치적 효과는 은근하지만 강력하다. '근로자'라는 개념을 받아들인 사람은 열악한 노동환경, 노동자에 대한 인격 모독, 부당한 해고, 저임금 등에 쉽게 저항할 수 없다. 기업과 정부로부터 대우받을 만한 '근로자'가 아니라는 낙인이 찍힐까 두렵기 때문이다. '근로자'라는 말은 노동자들을 통제하는 데 이롭다. 그래서 기업과 정부가 애용한다.

　'근로'라는 용어는 일제강점기 일본이 우리나라 사람을 강제 노역에 동원하면서 조직한 '근로정신대'에서 유래했다. '근로자'라는 한자어는 중국과 타이완은 물론, 일본 노동법에서도 삭제된 지 오래된 일제강점기의 유물이다. 일제강점기에 강제 노역을 당한 사람들은 노예나 다름없는 취급을 받았다. 그런 용어가 우리나라 기업과 정부에 의해 애용되는 것은 슬픈 일이다.

그리고 회사는 무사했다

직장 내 괴롭힘

노동자는 하루 중 가장 많은 시간을 직장에서 보낸다. 겉보기에 직장은 평화롭고 조화롭게 굴러가는 것처럼 보일지 모른다. 그러나 그 내부를 들여다보면 그렇지 않다. 직장은 늘 긴장감이 흐르는 곳이고, 때로는 폭언과 폭력이 난무하기도 하는 곳이다. 그로 인한 직장인들의 스트레스도 만만치 않다. 그중에서도 직장인들이 가장 고통스러워하는 것이 '직장 내 괴롭힘'이다. 직장 내 괴롭힘은 우울증이나 공황장애 같은 정신질환을 낳기도 하고, 심한 경우 자살, 급성 심근경색, 급성 심장마비를 불러일으키기도 한다.

문제는 이런 직장 내 괴롭힘이 점점 많아지고 있다는 사실이다. 이유가 무엇일까? 우선 직장은 폭력이 번성할 수 있는 기본 조건을 갖추고 있다. 폐쇄성과 서열화가 그것이다. 아침저녁으로 출퇴근하는 직장인들은 물리적으로는 감옥의 죄수들이나 병영의 병사들처럼 갇혀 있지는 않다. 그러나 자기 마음대로 근무지를 이탈할 수도 없다. 하루 종일 좁은 사무실에서 일하는 사람은 물론이고, 외근이 잦은 사람이라 하더라도 몸과 마음이 온전히 직장에 매여 있다는 점에서 폐쇄적 환경에 놓여 있다고 할 수 있다. 폐쇄적 환경에서는 폭력이 일어나기 쉽다. 피해자가 도망갈 곳이 없고, 사건이 은폐되기도 쉽기 때문이다.

직장은 대부분 피라미드 조직으로 이루어져 있다. 직장인들은 각각 서열화된 직급과 직위를 갖고, 조직은 팀이나 부서로 나뉘어 있다. 군대와 마찬가지로 윗사람은 아랫사람을 관리하고 책임져야 하는 권한을 갖고 있다. 회사는 일반적으로 각 팀이나 부서끼리 성과 경쟁을 시키고 이를 평가하는데, 오늘날과 같은 신자유주의 시대의 경쟁은 그 강도가 상상을 초월하는 경우가 많다. 과도한 경쟁은 스트레스를 발생시킨다. 스트레스는 일반적으로 위에서 아래로 전가되는데, 그 과정에서 특정 직원이 상사나 동료의 스트레스 해소를 위한 희생양이 되기도 하고, 기대에 못 미치는 실적을 올린 팀원이 괴롭힘의 대상이 되기도 한다.

성과주의는 과도한 매출 압력으로, 과도한 매출 압력은 과중한 업무 압력, 비합리적 데드라인(너무 촉박한 시간을 주고 그 시간 내에 특정 업무를 해내라고 하는 것), 과도한 업무 감시로 이어지기 쉽다. 그것이 직장 내 괴롭힘이 된다. 가끔은 회사 경영전략 차원에서 괴롭힘이 발생하기도 한다. 구조 조정 대상이 된 사람이 회사의 권고사직을 따르지 않을 때 그렇다. 괴롭히는 방법은 여러 가지다. 의미 없는 과제를 부여하거나 일을 전혀 주지 않기, 본 업무를 박탈하고 주변적인 업무를 하게 하기, 좀처럼 실적이 나오지 않을 일 주기, 업무에 필요한 정보를 일부러 전달하지 않기, 공개적으로 망신 주기 등. 그러면 대부분 견디지 못하고 회사를 그만두게 된다.

직장 내 괴롭힘은 흔히 회사 구성원들 간의 갈등 때문에 발생하는 것으로 이야기된다. 그러나 본질적으로는 직장이 갖고 있는 본래의 구조에 신자유주의적 성과주의가 결합되어 양산된다. 직장 내 괴롭힘의 문제를 개인적 갈등으로 보는 것은 구조적인 문제를 개인적인 문제로 치환하는 것이다.

사회에 공짜 노동이 만연하는 이유

열정 페이

사람을 불러 일을 시키면 그에 상응하는 임금을 지불해야 한다. 그것은 상식이다. 그런데 요즘에는 무급 또는 최저임금으로 사람을 부리는 일들이 적지 않게 발생하고 있다. 이를 '열정 페이(pay)'라 한다. 열정 페이의 논리는 이렇다. 열정 페이를 제공하는 사람들은 피고용인에게 '네가 하고 싶은 것을 할 수 있는 기회', '자신의 열정을 발산할 수 있는 기회'를 준 것으로 본다. 그리고 기회 제공을 '페이(임금 지불)'로 친다. 이런 논리로 돈도 거의 주지 않으면서 사람을 부린다.

열정 페이의 논리가 가장 잘 통하는 분야는 문화·예술이다. 패션업계, 방송계, 미용업계, 만화업계 등에서 '일 배울 기회', '실무 경험 쌓을 기회'를 제공한다며 무급 노동을 시키는 경우가 다반사다. 문화·예술 분야만 그럴까? 아니다. 이러한 논리는 일반 기업이나 단체, 심지어 정부 기관에도 만연해 있다. '네가 하고 싶은 일을 하게 해 준다'는 논리는 특정 분야를 넘어 경제활동 자체로 확산되기 때문이다. 모든 사람은 학교를 졸업하고 성인이 되면 누구나 경제적 자립을 해야 하고, 또 '하고 싶어 한다'. 이 구직 활동 자체에 '네가 하고 싶은 일을 하게 해 준다'는 열정 페이의 논리를 적용시킨다. 그 결과 열정 페이의 논리가 적용되지 않는 분야는 사실상 없게 되었다.

열정 페이의 논리를 적용시키기 쉬운 또 다른 분야는 '자선'이다. 전통적으로 자선의 주체는 개인이었다. 개인이 선의를 갖고 소외된 사람에게 돈을 주거나 서비스를 제공하는 행태였다. 그런데 요즘은 자선의 주체가 주로 기업이나 단체, 정부 기관이다. 기업이 자원봉사자나 재능 기부자를 모집해 자선 활동을 하는 경우, 그 궁극적 수혜자는 소외된 사람들이 아니라 기업 자신이다. 자선 활동은 기업의 이미지 제고에 도움이 되고, 이미지 제고는 매출 증대에 기여하기 때문이다. 기업은 '당신에게 얼마나 큰 보람을 주는지', '당신을 얼마나 성장시키는지'를 강조하며 동참을 권한다. 그러나 결국은 기업을 위한 활동이라는 점에서 '열정 페이'다.

열정 페이가 사회에 넘쳐 나는 이유는 정부의 시책 때문이다. 학생들은 학교생활기록부에 기록하거나 스펙을 위해, 봉사 활동이나 재능 기부를 해야 한다. 하고 싶어서 하는 것이 아니라 대학 입학을 위해, 취직을 위해 강제로 봉사해야 한다. ('자원봉사'는 자발성을 기반으로 한 개념이다. 그런 점에서 '강제적인 자원봉사'는 모순이다.) 이런 제도를 만들고 용인한 것이 정부다. 무급 노동을 하는 데 익숙해진 학생들은 사회에 나와서도 이를 자연스럽게 받아들이는 경향이 있다.

인턴제도 열정 페이가 강요되는 대표적인 제도다. 이 제도 때문에 청년 구직자들은 몇 달 동안 터무니없는 돈을 받으며 일해야 한다. 받는 임금은 얼마 안 되지만, 정식 채용이 될지 안 될지 모르는 상태의 임시직이므로, 정식으로 채용되기 위해서는 더욱 열정적으로 일해야 한다. 인턴제는 1997년 외환 위기 이후 본격적으로 실시되었다. 당시에는 경영이 어려운 기업들이 많았다. 그래서 인턴제를 실시하면, 인턴 기간 동안 기업은 인건비 부담이 없으니 쉽게 인력을 고용할 수 있고, 구직자는 일자리를 얻을 수 있다는 것이 정부가 이 제도를 용인한 명분이었다. 그러나 인턴제는 우리나라가 외환 위기에서 벗어난 뒤에도 계속 유지되어, 부당한 노동 착취를 합법화하고 있다.

책

열심히 일하는 것은 과연 좋기만 할까?

폴 라파르그의 『게으를 수 있는 권리』

우리는 어릴 때부터 '열심히 일하는 것'이 자신을 위해서도, 사회를 위해서도 좋은 것이라고 배워 왔다. 이른바 '노동의 윤리'다. 그런데 이를 뒤집는 책이 있다. 폴 라파르그Paul Lafargue의 『게으를 수 있는 권리』가 그것이다. 사회주의자이자 카를 마르크스Karl Heinrich Marx의 둘째 사위이기도 한 그는 이렇게 글을 시작한다. "자본주의 문명이 지배하는 국가의 노동자 계급은 기이한 환몽에 사로잡혀 있다." 여기서 말하는 '환몽'이란 무엇일까? '노동은 숭고하다'는 생각을 말한다. 그는 왜 '노동은 숭고하다'는 생각에 반대할까?

첫째, 이런 관념이 자본가계급에 의해 심어진 것이기 때문이다. 자본가계급은 자기 이득을 위해 노동계급에게 '노동은 숭고하다'는 관념을 주입시킨다. 이런 관념을 받아들인 노동자들은 열심히 일하고, 그들이 열심히 일할수록 자본가들은 더 부자가 된다.

둘째, 과도한 노동은 사람의 성장을 돕는 것이 아니라, 몸과 영혼을 파괴한다. 그리고 과도한 노동에 묶여 있을수록 노동자의 처지는 노예 상태로 전락한다.

셋째, 과도한 노동은 생산과잉을 유발한다. 세월이 갈수록 과학은 발달하고, 과학이 발달할수록 생산성 역시 높아지게 된다. 이렇게 높아지는 생산성에 노동과잉이 결합되면 생산되는 상품의 양이 수요를 훨씬 초과하게 된다. 그러면 기업은 노동자들이 필요 없게 되니 대량 해고를 감행한다. 열심히 일할수록 노동자들이 오히려 궁지에 몰리게 된다는 말이다.

넷째, 이렇게 상품들이 과잉생산 되면 자본가들은 이 상품을 팔기 위해 다른 나라로 시장 개척에 나선다. 순순히 시장을 개방하지 않으면, 정부를 부추겨 전쟁도 불사한다. 이것이 식민지 쟁탈전이다.

폴 라파르그는 이런 이유들 때문에 열심히 일하는 것에 반대했다. 이 가운데 우리가 특히 주목해야 할 내용은 세 번째 부분이다. 오늘날에는 고도로 높아진 생산력 때문에 얼마 되지 않는 노동시간, 얼마 되지 않는 인력만으로도 인류 전체가 쓰기에 충분한 재화를 생산할 수 있게 되었다. 그것은 노동시간에 따른 임금, 여기에 의존한 생활을 더 이상 불가능하게 만들어 가고 있다. 이런 이유 때문에라도 폴 라파르그의 주장에 귀를 기울여, 노동 중심의 경제에서 벗어나 새로운 경제 시스템을 창출할 필요가 있다.

"지금 어떤 한 사람이 시장에 호랑이가 있다고 말하면,

왕께서는 이것을 믿겠습니까?"

"믿지 않소."

"두 사람이 시장에 호랑이가 있다고 말하면,

왕께서는 이것을 믿겠습니까?"

"믿지 않소."

"세 사람이 시장에 호랑이가 있다고 말하면 믿겠습니까?"

"과인은 믿을 것이오."

"시장에 호랑이가 나타날 리 없음은 분명합니다.

그런데 세 사람이 나타났다고 말하면 호랑이가 나타난 것으로 인식됩니다."

— 한비, 『한비자』「내저설」에서

키워드

10

여론

여론은 다수 의견을
반영하고 있는가

면접원이 누구냐에 따라
답변이 달라진다

: 면접원 효과 :

카페나 공원 같은 곳에 앉아 있으면, 가끔 잠깐만 시간을 내어 설문 조사에 응해 달라며 돌아다니는 면접원들을 만나는 일이 있다. 설문에 응하는 사람들은 '그냥 내가 생각하는 대로 성실하게 답하면 되는 것 아닌가?' 하고 간단히 생각한다. 면접원도 '아무 부담 없이 그냥 솔직하게 대답해 주시면 된다'고 말한다.

이렇게 아무 부담 없이 솔직하고 성실하게 작성된 설문 조사에는 일말의 거짓도 없어 보인다. 그럼에도 불구하고 여기에는 객관적인 조사를 방해하는 복병이 숨어 있다. 바로 '면접원 효과'다. 면접원 효과는 질문을 던진 면접원이 누구인지가 조사 대상자에게 영향을 미쳐 조사 결과가 달라지는 것을 말한다.

면접원 효과는 직접 만나 얼굴을 보고 하는 대면 접촉 조사에서 많이 나타난다. 예컨대 첫 질문이 이런 것이라 하자. "역량만 있다면 여성이 대통령이 되는 것에 찬성합니까?" 그런데 설문 조사를 하는 면접원이 여성이다. 그것이 대답에 영향을 줄까, 안 줄까? 알게 모르게 영향을 줄 것이다. '여성이 대통령이 되어선 안 된다'고 대답했는데, 면접원이 '지금이 어떤 시대인데, 아직도 저렇게 고리타분하게 생각하는 사람이 있네!' 하는 표정으로 바라본다면? 다음 질문에 답할 때 영향을 줄 것이다.

그렇다고 면접원의 어떤 행동이나 표정이 있어야 면접원 효과가 생길 수 있다는 말은 아니다. 그런 것이 없어도 면접원 효과는 생길 수 있다. 여성이 면접원이라는 사실 자체가 '여성이 대통령이 되어선 안 된다'고 대답하는 데 약간의 용기를 요구하기 때문이다.

그러면 얼굴을 보지 않고 면접원이 전화를 걸어 묻는 경우라면 어떨까? 얼굴을 보고 답하는 것이 아니니 면접원 효과가 사라지지 않을까? 그렇다고 해도 면접원 효과가 완전히 사라지는 것은 아니다. 전화 너머 들려오는 면접원의 목소리는 여전히 남성 아니면 여성이며, 그것이 조사 대상자에게 영향을 줄 수 있다. 면접원 효과는 면접원에게 아무런 의도가 없어도 발생할 수 있다.

몰라도 아는 척!

: 무의견의 의견화 :

여론조사가 원활히 이루어지기 위해서는 하나의 중요한 전제가 요구된다. '조사 대상자가 해당 사안에 대해 알고 있어야 한다.' 어떤 사안에 대해 여론조사를 하고 있는데, 이를 전혀 모르는 사람이라면 자기 의견을 피력하는 것이 불가능하기 때문이다.

사람들이 모든 공공 사안의 내용을 알고 있다면 좋겠지만 현실은 그렇지 않다. 공공 사안에 대해 잘 아는 사람도 있고, 조금 아는 사람도 있으며, 전혀 모르는 사람도 있다. 여론조사를 할 때, 해당 사안의 내용을 전혀 모르는 사람이라면 솔직하게 '모른다'고 대답해야 할 것이다. 그러나 과연 실제로도 그럴까?

여기 재미있는 실험 결과가 있다. 미국 오하이오주립대학에서는 가공의 사회문제와 인물을 만들어 냈다. 그러고는 여론조사를 한다며 사람들에게 접

근해, 그 인물과 사회문제에 대한 의견을 물었다.

그 결과는 어땠을까? 놀랍게도 많은 사람들이 그 여론조사와 관련해 강력한 찬반 의견을 표명했다. 있지도 않은 가짜 사회문제와 인물에 대해 아는 척하며 강력한 찬반 의견을 피력한 것이다. 이렇게 특정한 사회문제나 인물에 대해 전혀 아는 바가 없는데도 아는 듯 대답하는 것을 '무의견의 의견화'라고 한다.

사람들은 왜 이런 반응을 보였을까? '해당 사회문제나 인물을 모른다고 하면 자신이 무식해 보이지 않을까' 하는 걱정 때문이었다. 응답자에게 중요한 것은 솔직한 의견 표명이 아니었다. 그들에게 중요한 것은 '지금 내 앞에 있는 조사자가 나를 어떻게 생각하겠느냐' 하는 것이었다.

조사자에게 깔보이는 것은 자존심 상하는 일이다. 이런 사람들에게 설문지에 나온 질문은 일종의 시험 문제나 마찬가지다. 그래서 그들은 모르는 사안에 대해서도 아는 척하며 답하곤 한다.

과연 '여론'이라는 것이
존재하기는 할까?

우리 사회를 '민주 사회'라고 부르는 이유는 간단히 말해 선거를 하기 때문이다. 국민들은 선거를 통해 대통령, 국회의원, 지자체장 등 자신의 대표자를 뽑는다. 만약 선거를 하지 않는다면, 삼권분립과 헌법 소원 및 여타의 자유가 보장된다 해도 '민주 사회'라 부르기 어려울 것이다. 그러나 선거에는 결함이 있다. 선거는 몇 년 만에 한 번씩 치러진다. 그래서 평소의 민의는 반영할 수 없다.

이러한 결함을 메워 주는 것이 '여론'이다. 여론은 일상적으로 언론을 통해 발표된다. 그것은 그 자체로 언론의 사회적 권위를 높인다. 신문이나 방송을 보고 '사람들 의견이 이렇구나' 하고 느끼는 과정은 부지불식간에 이를 전달하는 언론 매체에 대한 신뢰를 동반하기 때문이다. 여론은 '어떤 공공 사안에 대해 여러 사람들의 지지를 받고 있다고 인정되는 공통의 의견'을 말한다. 그러면 '공통의 견해'를 만들어 내는 주체는 누구일까?

일차적으로는 '언론'이다. 사람들은 흔히 언론을 여론을 전달하는 매체로만 생각한다. 그러나 언론은 여론을 전달하기만 하는 것이 아니다. 언론은 스스로 여론을 형성한다. 언론사들이 갖고 있는 정치적 입장은 서로 다르다. 이를테면 조선일보, 중앙일보, 동아일보는 보수적 입장을 대변하고, 한겨레신문과 경향신문은 진보적 입장을 대변한다고 평가받는다. 언론사들은 자신의 정치적 입장에 따라 '서로 다른 여론'을 형성한다. 사회적 사건과 문제를 바라보는 관점도 다르고, 사설이나 칼럼도 다른 논조를 띠게 된다.

　　정치인들은 여론을 참고해 정치를 한다. 그래서 민주정치는 흔히 '여론 정치'라 불린다. 정치인에게 여론을 참고하는 것만큼 중요한 일은 없다. 이를 무시하고 정치를 하면 지지율이 떨어질 수도 있고, 정치적 생명을 잃을 수도 있다. 여론 정치에서 흔히 비판적으로 거론되는 것이 '포퓰리즘(populism)'이다. 포퓰리즘은 흔히 '대중 영합주의'로 번역되어 부정적인 것으로 인식된다. 그러나 이 말은 '민중주의'나 '서민주의'로 번역될 수도 있다. 포퓰리즘은 말 자체로는 부정적인 것도 긍정적인 것도 아니다.

　　정치인은 누구나 다수의 지지를 원한다. 사회적 다수를 차지하고 있는 것은 민중이나 서민이다. 그러므로 모든 정치인은 '자신이 민중이나 서민의 견해와 바람을 대변하고 있다'고 주장할 수밖에 없다. 이는 현대 정치의 기본 속성이다. 말하자면 이렇다. 서민과 민중의 행복이나 안위(安慰)를 위해 진정으로 노력하는 포퓰리즘은 좋다. 그러나 실제로는 상류층만을 위해 일하면서, 정치적 이익을 얻으려고 서민과 민중을 위하는 척하는 포퓰리즘은 나쁘다.

　　그렇다고 정치인들이 여론의 영향을 일방적으로 받기만 하는 것은 아니다. 유력한 정치인은 그 자체로 오피니언 리더이기도 하다. 그의 언행은 언론에 의해 국민에게 시시때때로 전달되고, 이는 일정한 정치적 반향을 낳는다. 정치인도 언론과 더불어 여론을 이끌고 만들어 내는 주체다. 국민들 중에서 정치인이나 신문·방송에 종사하는 사람들은 소수에 불과하다. 소수의 사람들이 여론을 주도하고 있다는 점을 생각하면, 여론은 '여러 사람들의 의견'이 아닐지도 모른다.

언론은 세상을 보는 창이다. 사람들은 언론을 통해 세상에서 어떤 일이 일어나는지를 알 수 있다. 그런데 그 언론은 어떤 사회 이슈에 대해 사람들에게 '이번에 이런 사건이 있었는데, 그에 대해 어떻게 생각하시느냐?'라며 의견을 묻는다. 사람들은 어떻게 대답할까? 대개 신문이나 방송에서 보거나 들은 대로 대답하게 된다. 그것은 신문·방송이 자신이 한 말을 다시 주워듣는 꼴이다. 이러한 내용은 신문·방송에 의해 다시 여론의 이름으로 발표된다. '여론'이란 것이 객관적으로 존재하는지 의심해 볼 필요가 있다.

대중의 의식을 조작하기 위해 여론조사를 한다고?

우리는 언론을 통해 각종 여론조사 결과도 종종 접한다. 여론조사는 어떤 과정을 통해 이루어질까? 그 과정은 이렇다. 우선 돈을 내고 여론조사 기관에 조사를 부탁하는 의뢰자가 있다. 이 의뢰자를 '스폰서'라 부른다. 스폰서는 언론, 정부, 지자체, 정당, 정치인, 기업 등이다. 여론조사 기관은 의뢰받은 내용을 바탕으로 여론조사를 실시한다. 조사 결과가 나오면 여론조사 기관은 이를 보도 자료로 만들어 각 언론사에 보낸다. 언론사는 그것이 뉴스 가치가 있는지 판단한다. 뉴스 가치가 있다고 판단하면, 보도한다.

언론사가 뉴스 가치를 판단할 때 가장 중요하게 따지는 것은 '이 여론조사 결과에 독자나 시청자들이 흥미를 보일까?' 하는 점이다. 그에 대한 각 언론사들의 판단은 비슷비슷하다. 언론사 A에서 뉴스 가치가 있다고 판단하면, 언론사 B에서도 그렇게 판단할 가능성이 높다. 그런 까닭에 여론조사 결과가 보도되면, 한 곳이 아니라 여러 곳의 언론에서 동시다발적으로 보도되는 경우가 많다. 이러한 상황은 '이 문제에 관심을 갖지 않으면 안 될 것' 같은 압도적인 분위기를 만들어 낸다.

세상에는 중요한 문제도 많고, 사람들이 관심을 가질 법한 문제도 많다. 여론조사는 그중 하나의 이슈에 대해 조사한다. 그리고 여론조사 의뢰자와 여론조사 기관은 그 조사 결과에 대중이 관심을 갖도록 유도한다. 이처럼 여론조사를 한다는 것, 그리고 그 조사 결과를 언론을 통해 보도한다는 것은 그 자체로 특정한 이슈를 선택하고 강조하는 역할을 한다. 수용자들은 물을 만한 가치가 있는 질문과 관련해 사회적 동의가 이루어졌기 때문에 여론조사와 발표가 이루어졌다고 생각하기 쉽다. 따라서 수용자들은 그 이슈를 중요한 의제로 인식하게 된다. 이것을 '여론조사의 의제 설정 기능'이라 한다.

여론조사를 할지 말지, 한다면 어떤 내용으로 할지, 조사 결과를 대중에게 알릴지 말지를 결정하는 주체는 의뢰자와 여론조사 기관이다. 대중은 그 영향을 받는다. 이렇게 보면 여론조사는 대중의 의견을 반영하는 것이 아니라 그 반대, 즉 대중의 의견에 영향을 미치기 위해 실시되는 것이라고 말할 수도 있다.

엉터리 여론조사도 많다

여론조사를 하기 위해서는 일정한 기준에 의해 조사 대상자를 뽑아야 한다. 이를 '표본 추출'이라 한다. 그런 다음 대상자에게 전화를 건다. 대상자가 전화를 받는 것을 '접속률'이라 하고, 전화를 받아 답변하는 것을 '응답률'이라 한다. 그런데 우리나라 여론조사의 접속률과 응답률은 매우 낮다. 자동 응답기를 이용한 조사의 경우, 5% 접속률에 응답률이 10~15% 수준인 경우가 많다. 100명에게 전화하면 그중에 5명이 전화를 받고, 그 5명 중 답변을 하는 경우가 10~15%에 불과하다는 말이다. 접속률과 응답률이 낮을수록 조사 결과는 신뢰하기 힘들어진다.

응답률을 높이려면 일단 표본으로 선정된 대상자에게 상담이 이뤄질 때까지 여러 번 전화를 걸어야 한다. 그러나 우리나라 리서치업체들은 한번 전화해서 받지 않으면 곧바로 다른 사람에게 전화를 건다. 그 결과 목표한 1,000명의 답변을 얻기 위해 3만 명도 넘게 전화를 돌렸다는 식의 이야기가 공공연하게 떠돈다. 이처럼 전화 거는 대상이 한없이 늘어나서는 안 된다. 이는 조사에 대한 신뢰도를 떨어뜨리기 때문이다. 1,000명이 표본이라면 전화 거는 대상은 3,000명 정도로 한정해야 한다.

　무응답률이 이렇게 높은 이유는 시간과 비용을 제대로 투자하지 않기 때문이다. 우리나라에서는 시간과 비용 문제 때문에 자동 응답기를 많이 이용한다. 사람이 묻는 것이 아니라 기계 음성이 묻는 것이다. 그것이 무응답률을 높인다. 기계를 이용하면 선택 항목이 잘 이해되지 않아도 질문하거나 이의를 제기할 수 없다. 그래서 사람들은 도중에 전화를 끊는다. 실수로 선택 항목의 번호를 잘못 눌러도 뒤로 되돌아갈 수 없다. 그때도 전화를 끊게 된다.

　응답률이 낮아 여러 사람들에게 전화를 돌리는 것은 '열성 지지층' 쏠림 현상을 만들어 낸다. 왜냐하면 많은 인내와 노력을 감수하는 사람만이 전화를 끊지 않고 조사에 응하게 되는데, 그런 사람들은 특정 사안이나 정치인에 대한 열성적 지지자들일 가능성이 높기 때문이다. 본래 여론조사 결과가 기사화될 때에는 접속률과 응답률을 밝혀야 한다. 그러나 우리나라의 여론조사는 이를 거의 밝히지 않는다. 접속률과 응답률을 밝히는 것은 '엉터리 여론조사'라는 사실을 인정하는 꼴이고, 그러면 언론에 기사화될 가능성이 없어지기 때문이다.

　예전부터 여론조사를 할 때 가장 많이 이용하는 것은 집 전화다. 그런데 요즈음에는 집 전화를 아예 놓지 않는 가구도 많다. 집 전화로 조사하면, 이 가구들이 조사 대상에서 제외된다. 게다가 대체로 보수적인 견해들이 과대 대표된다. 왜냐하면 젊은 세대보다는 아무래도 구세대가 집 전화를 더 많이 사용하기 때문이다. 인터넷 여론조사를 하면 반대로 젊은 세대가 과대 대표된다. 젊은 세대가 인터넷을 더 많이 사용하기 때문이다.

이런 단점을 보완하기 위해 세대별로 '할당 표집(quota sampling)'을 하기도 한다. 집 전화로 전화해서 40~60대가 받으면 질문을 멈추고, 20~30대가 확보될 때까지 계속 전화를 돌리는 것이다. 그러나 여기에도 문제가 있다. 그러다 보면 '일반적인 20~30대'가 아니라 '낮에 외출하지 않고 집에 있는 20~30대'라는 특정 집단의 생각이 대표되기 때문이다.

그러면 휴대전화로 조사하면 어떨까? 요즘에는 휴대전화 없는 사람도 거의 없으니 말이다. 그러나 휴대전화는 집 전화처럼 전화번호 명부가 공개되지 않는다. 전국 조사라면 그나마 휴대전화 조사가 가능할 수도 있다. 전화 받은 사람의 거주지를 확인해 물어봐서 통계를 내면 되기 때문이다. 그러나 특정 지역 내의 조사라면 불가능하다. 특정 지역에 사는 사람이 걸릴 때까지 계속 전화를 걸어야 하기 때문이다.

질문의 표현이 조금만 바뀌어도
답변은 달라진다

2012년 EBS 〈다큐프라임〉 '킹메이커' 편에서 이런 실험이 행해졌다. 인천 도심에서 시민들에게 "고속철도를 사기업에 매각하는 것에 찬성하십니까?"라는 질문을 던졌다. 결과는 17(찬성) : 100(반대). 압도적 다수가 '반대'였다. 그다음 날 똑같은 장소에서 시민들에게 "고속철도의 경쟁 체제 도입에 찬성하십니까?"라는 질문을 던졌다. 그랬더

고속철도를 사기업에 매각하는 것에
찬성하십니까?

고속철도의 경쟁 체제 도입에
찬성하십니까?

니 100(찬성) : 60(반대)였다. 결과가 뒤집힌 것이다. "사기업에 매각하는 것"과 "경쟁 체제 도입"은 똑같이 '철도 민영화'를 뜻한다. 그런데도 표현을 조금 바꿨더니 정반대의 결과가 나왔다. 이를 어떻게 봐야 할까?

시민들이 "사기업에 매각하는 것"이라는 표현에 거부감을 가진 이유는, 그렇게 되면 철도 요금이 오를 거라 생각했기 때문이다. 철도 요금이 오르는 것을 좋아하는 고객은 없다. 그러면 "경쟁 체제 도입"이라는 표현에는 왜 긍정적으로 반응했을까? 업체들끼리 서로 경쟁해야 고객이 더 좋은 서비스를 받을 수 있을 거라 생각했기 때문이다. 특히 요즘처럼 무한 경쟁 시스템에 시달리는 사람들이 많은 시대에는 '나도 늘 경쟁하며 힘들게 사는데, 고속철도 같은 공기업 직원들만 편하게 살게 할 수는 없다'는 마음으로 "경쟁 체제 도입"에 찬성할 수도 있다. 이처럼 같은 질문이라도 어떤 단어를 사용해 질문하느냐에 따라 결과는 얼마든지 달라질 수 있다.

하나 더 보자. 2002년 이후 미국의 여론조사 기관 갤럽은 살인범을 사형에 처하는 것에 대한 시민의 의견을 물어 왔다. 선택 항목은 3개였다. ① 사형에 찬성한다. ② 사형에 반대한다. ③ 잘 모르겠다. 그 결과 2005년까지 매년 60% 이상이 사형에 찬성한다고 답해 왔다. 그런데 갤럽이 2006년 '가석방 없는 종신형'을 선택 항목으로 추가하자 결과가 바뀌었다. 종신형을 선택한 사람들(48%)이 사형을 선택한 사람(47%)보다 많았던 것이다. 이처럼 선택 항목을 어떻게 구성하느냐에 따라서도 조사 결과가 바뀔 수 있다. 우리가 여론조사 결과만이 아니라 제시된 질문의 틀도 자세히 봐야 한다는 사실을 말해 준다.

여론조사 기관은 어떤 단어를 사용해 질문하느냐, 선택 항목을 어떻게 구성하느냐에 따라서도 조사 결과가 얼마든지 달라질 수 있다는 사실을 알까, 모를까? 당연히 안다. 여론조사를 한두 번 해 본 사람들이 아니기 때문이다. 우리는 앞서 여론조사가 스폰서의 부탁으로 시작된다는 것을 살펴보았다. 그 스폰서들은 대개 자신들이 원하는 조사 결과가 있다. 여론조사 기관들도 그것이 무엇인지 알고 있는 경우가 많다. 마음만 먹으면 여론조사 기관들은 스폰서가 원하는 것에 근접한 결과를 만들어 줄 수도 있다. 우리는 이런 사실을 정확히 알고 여론조사 결과들을 들여다봐야 한다.

자사 이익을 위한 여론조사

기업의 여론조사

우리는 신문에서 이런 기사들을 자주 접하게 된다. "기혼자 70%, 다시 결혼한다면 비용 최소화", "미혼 남녀 74%, 이유 있으면 이혼할 수 있어", "미혼 남녀 82%, 밸런타인데이, 우울해" 이런 기사는 남녀 문제를 다룬 것이어서 많은 사람들의 관심을 끈다. 이런 조사 결과를 제공한 곳은 어디일까? 결혼 정보 업체다. 결혼 정보 업체는 누구를 대상으로 이런 조사를 한 것일까? 바로 자사 회원들이다. 위 결과는 결혼 정보 업체가 100만~1,000만 원의 회비를 낸 자사 회원(특정 부류)을 대상으로 조사한 내용으로 객관적이지 않다. 그런데도 언론사들은 대중의 흥미를 끈다는 이유로 이를 그냥 신문에 싣는다.

결혼 정보 회사들이 이런 조사를 해서 언론사에 보내는 이유는 무엇일까? '공짜 광고'이기 때문이다. 신문에 자주 노출될수록 회사는 유명해지고, 회원은 늘어나며, 매출은 올라간다. 언론에 자주 실리는 건강 관련 통계들도 마찬가지다. 그런 조사 결과들 중에는 새로 개발한

약품 판매를 촉진하기 위해, 혹은 경쟁사의 신약에 대항해 자사 제품을 방어할 목적으로 제약 회사들이 대학 연구소나 여론조사 기관에 의뢰해 발표하는 경우가 종종 있다.

몇 년 전에는 "서울 시민 74%, 대형 마트 판매 품목 제한 반대"라는 기사가 떴다. 설문 조사 대상은 대형 마트 매장 방문객 538명이었고, 조사 의뢰처는 대기업 경영인 단체인 전국경제인연합회(전경련)였다. 당시 서울시는 영세 상인 보호를 위해 대형 마트의 판매 품목을 제한하겠다고 발표했다. 그러자 이 조치에 대응하기 위해 대형 마트를 운영하는 대기업들이 여론조사 기관에 의뢰해 발표한 조사 결과였다. 이 조사 결과는 잘못된 것이었다. 대형 마트 매장 방문객을 대상으로 한 조사인 만큼 "서울 시민 74%"가 아니라 "대형 마트 매장 방문객 74%"라고 표시해야 옳다.

서울 시민 중에는 대형 마트에서 주로 장을 보는 사람도 있지만, 재래시장을 애용하는 사람들도 있다. 그럼에도 불구하고 '대형 마트 이용객'을 '서울 시민'으로 치환한 것은 조사 결과를 호도하는 것이었다. 대형 마트를 주로 이용하는 고객들은 아무래도 판매 품목을 제한하면 쇼핑에 불편을 느낄 것이 뻔하다. 전경련은 그런 사람들만을 조사하게 함으로써 자신들의 이익에 반하는 영업 규제에 대한 반대 여론을 만들어 내고자 했다. 그 메시지는 분명했다. '거 봐라. 우리가 싫어하는 것도 싫어하는 것이지만, 시민들도 싫어하지 않느냐?'는 것이었다. 이렇듯 기업들이 발표하는 여론조사 결과들은 대개 해당 기업의 이익과 관련되어 있다.

여론 조작의 통로로 이용되는 인터넷과 SNS

국정원 댓글 사건

기존의 신문과 방송은 일방적이다. 일방적으로 콘텐츠를 이용자에게 전달한다. 그러나 인터넷과 소셜 네트워크 서비스(SNS, Social Network Service)는 '쌍방향 소통'이다. 이 때문에 많은 사람들은 인터넷과 SNS가 민주주의 발전에 크게 일조할 것이라고 여겼다. 그러나 '국정원 댓글 사건'은 그것이 오히려 '여론 조작'의 통로로 역이용될 수 있음을 보여 주었다.

'국정원 댓글 사건'이란 2012년 대선 기간 중 국가정보원이 인터넷과 SNS를 이용해 여론을 조작한 사건을 말한다. 검찰 수사 결과에 따르면, 국정원은 30여 개 인터넷 언론사에 특정 기사나 사설을 쓰도록 청탁한 뒤, 해당 기사나 사설이 보도되면 이를 트위터로 대량 유포했다. 국정원은 자동으로 수십 개의 트위터 계정을 만들어 댓글을 동시에 수십 개에서 수백 개씩 퍼 나르는 '봇(bot) 프로그램'을 이용하기도 했다. 국정원이 유포한 댓글과 기사들은 일반 트위터 사용자들에 의해 다시 리트윗 됐을 것으로 보여 그 영향이 얼마나 컸을지 가늠하기 어렵다.

인터넷이나 SNS의 여론을 통제하려는 시도는 우리나라만의 일일까? 아니다. 콩고민주공화국에서는 2011년 부정선거를 규탄하는 시위가 발생하자 정부가 공공질서 유지를 이유로 문자메시지 송수신을 전면 금지하는 조치를 취했다. 튀니지와 이집트에서도 봉기가 일어나자 인터넷과 휴대전화 연결을 끊어서 시위 참여자들이 통신을 할 수 없게 만들었다. 영국 정부도 2011년 런던 폭동이 일어나자 인터넷과 휴대전화 통신 접속을 차단했다.

이런 사건들은 인터넷이나 SNS가 민주주의를 보장해 주는 것은 아님을 말해 준다. 사실 사이버 여론을 통제하는 일은 그리 어렵지 않다. 포털 사이트, SNS 서비스업체, 이동통신업체는 몇 개 안 되기 때문이다. 이들 업체만 국가권력이 통제하면 그만이다. 철학자 슬라보예 지젝Slavoj Žižek은 이런 말을 한 적이 있다. "누가 디지털 공공 영역을 관리하고 통제하는가? 이것이 문제다." 지금의 정보 통신 영역은 시민이 통제하는 것이 아니라 국가와 기업이 통제한다. 정보 통신이 진정으로 공적인 기능을 하려면 국가와 기업이 아니라 시민이 통제해야 한다. 그래야 국정원 댓글 사건 같은 여론 조작을 막을 수 있다.

사람들의 생각이 기삿거리가 됨을 발견하다

조지 갤럽

조지 갤럽George H. Gallup은 이런 말을 했다. "매스미디어는 두 가지 종류의 뉴스를 찾는다. 하나는 사람들이 무슨 '일'을 하는가, 다른 하나는 사람들이 무슨 '생각'을 하는가 하는 것이다." 조지 갤럽은 '사건'이 아니라 '생각'이 기 삿거리가 될 수 있음을 보여 주었다. '사람들은 특정 사건(사안)에 대해 다른 사람들이 어떻게 생각하는지 궁금해하지 않을까?' 하는 것이 그의 생각이었 다. 당시로서는 획기적인 아이디어였다.

여론조사 결과를 기사로 다루는 것이 언론사에 이익을 가져다준다는 사실 은 1935년 최초의 갤럽 여론조사 결과가 발표되었을 때부터 확인되었다. 여 론조사 결과가 실리자, 신문 판매 부수가 크게 증가했다. 여론조사는 뉴스 의 생명인 시사성, 간결성, 흥미를 두루 갖추고 있었다. 언론사는 그 조사 비 용을 댔지만, 그를 상회하는 경제적 이익과 사회적 영향력을 동시에 얻을 수 있었다.

조지 갤럽이 여론조사에 관심을 갖게 된 것은 대학 시절 아르바이트로 광고 회사에서 신문의 독자 선호도를 조사하면서부터였다고 한다. 무더운 여름날 가정집을 일일이 방문해 똑같은 질문을 반복해야 했던 그는 '좀 더 과학적이고 효율적인 조사 방법이 없을까' 고민했다. 그것은 나중에 박사 학위 논문의 주제가 되었다. "한 바구니에 잘 섞인 7,000의 흰 콩과 3,000개의 검은 콩이 있다고 하자. 거기서 100개의 콩을 꺼내면 확률상 흰 콩과 검은 콩의 비율은 7 : 3일 것이다." 잘 섞여 있기만 하다면, 7,000개의 콩을 다 조사해 보지 않고, 100개의 콩만 조사해도 같은 결과를 얻을 수 있다는 주장이었다. 그는 이런 확률 계산에서 출발해 표본추출 기법을 제시했다.

여론조사가 오늘날 '과학'의 이름으로 나타나게 된 것은 조지 갤럽 덕분이다. 그는 샘플링을 통한 표본추출, 정확한 질문지 작성법, 면접 조사 방법, 오차 범위의 측정 등을 도입했고, 그것은 여론조사를 과학적으로 보이게 만들었다. 그의 여론조사 기법과 그를 통해 얻은 결과(자료)는 정치인에게는 선거 당선, 기업인에게는 성공적인 사업을 보장하는 것처럼 보였다. 많은 정치인과 기업인이 그를 찾았고, 그가 설립한 '갤럽여론조사연구소'는 크게 성공했다. 그는 여론조사의 대명사가 되었다.

전쟁이란 겁이 너무 많아 자신이 직접 나가 싸울 수 없는

두 도둑놈 간의 싸움이다.

그래서 이 마을 저 마을에서 젊은이들을 모아 군복을 입히고 무장을 갖춰

서로 야수처럼 싸우라고 들판에 내보낸다.

— 영국의 역사가 토마스 칼라일의 말

11

군대

국가 방위와 인권침해
사이에서

군대는 나라를 지키기만 할까?

사람들은 군대를 뭐라고 생각할까? 아마 대부분이 '외국의 침략에 맞서기 위한 조직'이라고 생각할 것이다. 물론 이것은 군대의 주된 기능 중 하나다. 그러나 군대는 '방어용'으로만 쓰이지 않는다. '침략용'으로 쓰일 수도 있다. 실제로 각국의 모든 군대가 방어만 하고 침략하지 않는다면 전쟁은 일어나지 않을 것이다.

문제는 '침략'에 동원되는 경우에도 '방어'를 명분으로 삼는 경우가 많다는 것이다. 적을 먼저 공격하지 않으면 우리가 당할 수 있다는 논리가 대표적이다. 침략의 논리와 방어의 논리는 실제로는 명확하게 구분되지 않는 경우가 많다.

제2차세계대전 당시 일본도 그랬다. 일본이 제2차세계대전을 일으킨 명분은 유럽 열강의 침략에 맞서 아시아를 '보호'한다는 데 있었다. 유럽 열강들이 아시아 전체를 식민지로 만들려는 야욕을 드러내는데, 아시아의 맏형인 일본이 이를 보고 어떻게 가만히 있을 수 있겠느냐는 것이었다. 아시아에서 가장 먼저 근대화된 일본이 힘없고 불쌍한 다른 아시아 국가들을 '방어'해 주지 않으면 안 된다는 주장이었다.

이것이 '대동아공영(大東亞共榮)'의 논리다. 대동아공영은 '일본의 지휘 아래 아시아 전체가 함께 번영을 누린다'는 뜻으로, 일본은 '아시아 민족이 서양 세력의 식민 지배로부터 해방되려면 일본을 중심으로 대동아공영권을 결성하여 아시아에서 서양 세력을 몰아내야 한다'고 주장했다.

아시아 국가 누구도 일본에 '맏형'이 되어 달라고 한 적은 없었다. 유럽 열강의 침략으로부터 자신들을 지켜 달라고 요구한 적도 없었다. 그런데도 일본은 아시아의 맏형을 자임하며 '보호'를 명분으로 우리나라를 비롯한 아시아 각국을 침략했다.

흥미로운 사실은 제2차세계대전 초반까지만 해도 일본의 이러한 주장을 곧이곧대로 믿는 아시아 사람들이 적지 않았다는 점이다. 물론 나중에는 그 실체를 알게 되었지만. 우리는 방어의 논리가 언제나 침략의 논리로 이용될 수 있음을 알고, 이를 경계해야 한다.

국빈이 방문하면
왜 의장대 사열을 할까?

외국의 원수나 총리가 어떤 나라를 방문할 때, 언론에서 흔히 보여 주는 장면이 있다. 우렁찬 예포가 울리는 가운데, 제복을 입은 많은 군인이 깃발이나 총 등을 들고 당당하게 서 있는 의장대 사열 장면이다. 이렇듯 어느 나라에 외국 원수나 총리가 방문하면, 이들을 국가의 귀한 손님으로 여기고 환영한다는 의미로 의장대 사열을 한다.

국빈의 의장대 사열 광경은 너무 관례적이어서 우리는 이를 별 생각 없이 본다. 그러나 생각해 보면 외국 원수나 총리의 방문을 환영한다는 뜻을 나타내는 제스처에는 여러 가지가 있을 터이다. 그런데 왜 하필 의장대 사열일까?

그 이유는 역설적으로 군대가 다른 나라의 대통령이나 총리에게 가장 큰 위협이 될 수 있기 때문이다. 철저하게 자기 나라의 이익에 따라 움직이는 국제 관계에서, 영원한 적이나 동지는 있을 수 없다. 어제의 우방국이 내일의 적국이 되는 경우도 허다하다. 만약에 전쟁이 일어나면 적국의 대통령이나 총리는 주된 군사적 공격 대상이 된다.

이런 이유로 의장대 사열은 가장 큰 환대나 다름없다. '당신을 죽일 수도 있는 우리 군대가 지금은 아무런 적의도 품고 있지 않다'는 것, 그러므로 '당신에게는 아무런 위험이 없다'는 것, 나아가 '당신의 군대처럼 온순하게 복종하고 있을 뿐 아니라, 예포를 쏘아 존경을 표하고 있다'는 것을 보여 주는 증거가 된다.

본래 군대 사열은 육군, 해군, 공군 등 모든 군대를 모아 놓고 해야 한다. 그러나 사열을 위해 전국에 있는 군대를 다 불러 모으기는 어렵다. 그러므로 의장 기수(旗手)들이 각 군을 상징하는 깃발을 들고 있는 것으로 대신한다. 의장대 사열은 대통령이 '내가 군 통수권자로서 확고한 위치를 점하고 있으며, 우리 군사력은 이만큼 강하다'는 사실을 상대방에게 과시하는 효과도 있다.

많은 과학기술이
전쟁의 산물이라고?

　과학기술 없는 현대 문명이란 상상할 수 없다. 과학기술과 현대 문명은 거의 동의어다. 과학기술의 발전은 발명, 발견의 여정이라 할 수 있다. 그런데 우리가 지금 사용하고 있는 많은 발명과 발견은 놀랍게도 군사적 필요성 혹은 전쟁 때문에 이루어졌다.

　예를 들어 전자레인지는 제2차세계대전이 끝난 뒤 전쟁에서 사용된 레이더 기술을 이용해 만든 가정용 조리 기구다. 테팔 프라이팬은 원자폭탄을 만들어 낸 맨해튼 프로젝트의 부산물인 테플론을 알루미늄 프라이팬에 결합시킨 것이다. 정크 푸드의 대명사인 스팸은 본래 병사들에게 높은 열량을 공급하기 위한 전투식량이었다. 맥도널드 매장의 주방은 비좁은 공간에서 최대한 효율을 내는 잠수함 속 주방을 본떠 설계한 것이었다. 그 외 비닐봉지, 헤어스프레이, 비타민, 집적회로, 구글어스 등도 막대한 군사 예산을 쏟아부어 개발한 것이다.

　우리가 매일 쓰는 인터넷도 그렇다. 인터넷은 본래 시민의 편의를 위한 것이 아니었다. 인터넷은 1960~1970년대 미국 국방부 산하 '고등연구국'에서 군사용으로 개발한 것이다. 핵전쟁으로 통신망이 끊어져 전체 통신망을 관리하지 못하더라도, 남아 있는 일부 통신망으로 군사적인 명령이나 정보를 전달할 수 있게 하는 것이 목적이었다. 그러기 위해서는 단일화되고 중앙 집중화된 통신체계 대신 수평적 네트워크가 필요했다. 그것이 인터넷이었다.

군대는 본래 생산이 아니라 파괴가 목적인 집단이다. 그런데 그 산물들을 우리가 일상적으로 사용하며 살고 있다. 아이러니한 일이 아닐 수 없다. 그렇다면 이러한 사실은 우리에게 현대 문명 생활이 파괴적 기반 위에 놓여 있음을 말해 주는 것이 아닐까? 깊이 생각해 볼 일이다.

무기가 발달할수록
살인에 대한 감각이 사라진다

중세 이전의 전쟁은 주로 적과 근접해 싸우는 백병전이었다. 병사들은 칼이나 창을 들고 나가 싸웠고, 눈앞에 있는 적을 죽였다. 이렇게 그들은 전쟁을 실감했다. 전장은 적군과 아군의 땀과 피가 섞이는 곳이었다. 병사들은 자신의 칼이나 창이 적의 살을 꿰뚫는 느낌을 생생하게 전달받아야 했고, 죽어 가는 적의 고통스러운 표정도 봐야 했다. 이는 죽이는 자에게도 고통스러운 일이었다.

무기가 발달한 지금의 전쟁은 어떨까? 예전과 많이 다르다. 현대전은 총, 대포, 미사일, 폭탄 등으로 싸운다. 이것들은 모두 원거리 공격 무기다. 멀리 떨어진 곳에서 적을 죽이는 무기라는 말이다. 첨단 무기

일수록 공격자와 피공격자의 거리는 더욱 멀어진다. 거리가 멀어질수록 공격자는 당연히 죽어 가는 사람들의 고통을 실감할 수 없다. 생각해 보라. 자신은 레이더의 점으로 표시된 지점을 향해 미사일 발사 버튼만 눌렀을 뿐인데, 그 결과로 수천 킬로미터 밖에서 수천 명이 한꺼번에 죽는다. 죽어 가는 사람들의 고통은 물론 그들의 죽음 자체를 현실로 인식하는 것이 어려울 수밖에 없다.

정치적인 관점에서 보면, 군사 공격의 목적은 적을 죽이는 데 있다고 하기보다는 복종시키는 데 있다. 그러나 서로 너무 멀리 떨어져 있으면, 설사 상대방이 복종의 신호를 보낸다 해도 공격자는 그것을 알아볼 수 없다. 그러므로 상대방이 완전 궤멸될 때까지 맹렬한 공격을 퍼붓게 된다. 그 결과 대규모 사상자가 발생한다.

양민 학살이 나쁜 것이라는 사실을 모르는 사람은 없다. 그러나 원거리 무기가 발달할수록 양민 학살은 더욱 쉽게 자행된다. 먼 거리에서는 그곳에 있는 사람들이 양민인지 군인인지 분간할 수 없기 때문이다. 첨단 무기가 발달된 지금은 전방과 후방의 구별도 없다. 살인은 간단히 이루어지고, 죄책감은 새털만큼이나 가볍다. 무기의 발달은 살인에 대한 도덕적 감수성을 마비시킨다.

국민을 지켜야 할 군대가
국민에게 총구를 겨눈다면?

중국의 초대 국가주석 마오쩌둥^{毛澤東}은 이런 말을 남겼다. "권력은 총구에서 나온다." 이 말은 정치권력에 대한 불편한 진실을 폭로한다. 정치권력은 무력에서 나온다는 사실을 의미하기 때문이다. 국가 내에 있는 무력 기구 중에서 가장 강력한 것은 무엇일까? 바로 군대다. 군대는 합법적 무장 조직으로, 국내의 어떤 폭력 조직보다 막강하다. 이런 군대를 장악하지 않고서는 누구도 권력을 잡을 수도, 잡은 권력을 유지할 수도 없다. 어떤 사람이 정치권력을 잡으려면 군대가 복종, 협력하거나 최소한 방조해 줘야 한다.

잘 알다시피, 군대는 외국과의 전쟁에 대비하기 위해 존재한다. 그런 군대가 오히려 자국민을 향해 총구를 겨눈다면 어떨까? 말도 안 되는 일이라고 생각할 것이다. 그러나 국민을 지켜야 할 군대가 오히려 국민을 적대시하고 학살하는 경우는 역사에서 의외로 자주 발견된다. 어떤 경우에 그럴까?

첫째, 전쟁 중 적을 도운 것으로 의심되거나 도울 가능성이 있다는 이유로 국민을 죽이는 경우가 있다. 역사적으로는 제2차세계대전 시기의 나치의 유태인 학살, 6·25 전쟁 시기의 국민보도연맹 사건과 거창 양민 학살 사건 등이 그랬다. 모두 적에게 부역했거나 적을 이롭게 할 가능성이 있다는 이유로 자국의 국민을 죽였다.

둘째, 반정부 시위에 참여했다는 이유로 죽이는 경우가 있다. 역사적으로는 1989년 중국의 톈안먼 사건, 1980년 5·18 민주화운동 등에서 그랬다. 중국 톈안먼에서 일어난 민주화 시위 때에는 수백 명이 죽었고, 5·18 민주화운동 때에도 전라남도와 광주 시민 수천 명이 죽거나 다쳤다.

셋째, 일단의 군 지도부들이 반란을 일으켜 정치권력을 접수하는 경우다. 이것이 군사 쿠데타다. 역사적으로 군사 쿠데타는 많이 일어났다. 1799년에 일어난 나폴레옹^{Napoléon}의 브뤼메르 18일, 1973년 칠레의 피노체트 쿠데타 등이 대표적이다. 우리나라에서도 1961년 5월 16일에 박정희의 군사 쿠데타(5·16 군사정변)가 있었고, 1979년 12월 12일에는 전두환을 중심으로 한 신군부의 쿠데타(12·12 사태)가 일어났다. 쿠데타는 정권 찬탈이 목적인데, 이 과정에서 국민의 저항이 있을 경우 유혈 진압의 대상이 된다.

역사에는 왜 이렇게 군사 쿠데타가 많을까? 무력 수단들을 합법적으로 독과점하고 있는 군 지도부는 마음만 먹으면 다른 어떤 집단보다도 정치권력을 접수하기 쉽기 때문이다. 국민들은 군대가 자신을 보호해 줄 것이라는 기대와 믿음을 갖고 있기에, 많은 남자들이 군대를 가고 군대에 막대한 국민의 세금이 투입되어도 큰 불만을 나타내지 않는다. 그런 군대가 자국민에게 총을 겨누는 것은 집 지키는 개가 주인을 무는 꼴이다. 국민의 충복(忠僕)이 아니라 권력의 하수인이 되거나 스스로 권력이 되려 할 때, 군대는 가장 위험한 집단이 될 수 있다.

병역의 의무와 시민권은 어떤 관계가 있을까?

우리나라는 국민개병제를 채택하고 있다. '개병(皆兵)'은 '모두 다 병사'라는 뜻이다. 그러므로 '국민개병'에는 '국민 모두가 병사'라는 의미가 담겨 있다. 이 말은 사실이다. 우리나라의 경우 현역군인만 군인이 아니다. 군대를 제대한 지 한참 지난 아저씨들도 가끔 군복을 입고 '예비군 훈련'이나 '민방위 훈련'이라는 이름으로 군사훈련을 받으러 간다. 이런 예비군이나 민방위대원은 유사시 동원될 수 있는 준(準) 군인이다. 18~40세 남자들 대부분이 군인인 셈이다.

국민개병제의 시초는 고대 그리스 도시국가의 시민군이다. 평소 농사를 짓던 시민들은 자기 돈으로 무기와 갑옷을 마련해 두었다가 전쟁이 나면 자신들의 도시를 지키기 위해 '자발적'으로 나가 싸웠다. 이런 시민군 제도가 '징병제'라는 이름으로 '강제성'을 띠게 된 것은 프랑스혁명 때였다(1793년). 당시 프랑스 시민들은 징병제에 기꺼이 찬성했다. 그도 그럴 것이 다른 유럽의 전제군주들이 프랑스 시민혁명을 무력화시키기 위해 한꺼번에 공격해 들어왔기 때문이다. 프랑스 시민들은 이들을 막아야 했다.

프랑스 국민군은 위대했다. 유럽 각국의 군대들을 모조리 쳐부수었다. 국민군의 위력에 깜짝 놀란 유럽의 권력자들도 징병제를 도입했다. 그러나 그것은 나폴레옹의 도움이 없었다면 불가능한 일이었다. 나폴레옹의 정치적 야욕은 전쟁의 성격을 혁명의 전파에서 제국주의적 침략으로 변질시켜, 거꾸로 주변국들을 짓밟기 시작한 것이다. 나폴레옹에 맞서 유럽에서는 민족주의가 발흥했고, 징병제에 찬성하는 목소리가 커졌다. 그렇게 징병제는 유럽과 전 세계로 퍼져 나갔다.

시민권과 징병제는 밀접한 관련이 있다. 국가가 국민들에게 병역을 강제하고, 유사시 목숨까지 바치라고 강요하기 위해서는 정치적 선물이 있어야 했다. 그것이 '시민권'이다. 시민권이란 국가의 구성원으로 인정되고, 그 구성원으로서 누릴 여타의 자유(언론·사상의 자유, 경제활동의 자유 등)와 공적 문제에 참여할 권리(참정권, 사회복지의 향유 등)가 보장되는 것을 말한다. 그 전까지 자유와 권리는 귀족들만의 것이었다. 징병제의 확산과 더불어 자유와 권리가 일반 시민들에게도 주어진 것이다.

전쟁으로 부자 되는
기업도 있다

1961년 미국의 아이젠하워Dwight D. Eisenhower 대통령은 퇴임하면서 국민들에게 이런 연설을 했다. "우리는 군산복합체(군부와 방위산업체가 상호 이익을 위해 한통속이 된 것)가 갖게 될 부적절한 영향력을 경계해야 합니다. 부적절한 권력이 재앙으로 부상할 가능성은 현존하며, 이는 앞으로도 지속될 것입니다. 우리는 군산복합체 세력이 우리의 자유와 민주적 절차를 위험에 빠뜨리게 놔두어서는 안 됩니다." 이것은 군산복합체의 영향력이 정치·경제를 좌우하고, 세계를 재앙에 빠뜨릴 수 있다는 경고였다.

사실 군산복합체는 아이젠하워의 연설문 원본에는 "군-산업-의회 복합체"로 쓰여 있었다. 그러나 퇴임하는 대통령이 새로 구성될 의회를 비난하는 것은 적절치 않다는 판단에 따라 의회를 뺐다. 이는 아이젠하워가 의회까지도 한통속으로 봤다는 의미다. 그의 우려는 현실이 되었다. 군산복합체가 주도하는 미국은 '전쟁의 나라'가 되었다. 미국은 베트남, 라오스, 캄보디아, 이란, 이라크, 코소보, 엘살바도르, 레바논, 그레나다, 파나마, 아프가니스탄 등에서 전쟁을 벌이거나 전쟁에 개입했다. 제2차세계대전 후 지구상에서 벌어진 전쟁들 중 미국이 관여하지 않은 것은 거의 없다.

흔히 전쟁은 정치적·군사적·외교적 갈등 때문에 일어난다고 알고 있다. 하지만 그 이면에는 경제적 수익에 대한 욕망이 자리 잡고 있다. 나라를 지키고, 전쟁을 수행하는 것은 군대다. 그런데 무기는 사기업이 만든다. 무기가 많이 팔릴수록 군수업체의 이익은 늘어나고 회사의 주가도 뛴다. 무기가 많이 팔리려면 군사적 긴장이 높아지거나 전쟁이 일어나야 한다. 이를 위해 군수업체들은 자신의 정치적·경제적 영향력을 총동원해 호전적인 정치인과 정책을 지원하고, 여론을 조성한다.

미국에는 록히드마틴, 보잉, 레이시온, 제너럴일렉트릭 같은 세계 최고의 군수업체들이 있다. 최첨단 무기들도 대부분 여기에서 만들어진다. 미국의 군수업체들은 우리나라를 비롯한 전 세계에 첨단 무기를 수출하거나, 전쟁을 통해 소비되게 한다. 살상과 파괴를 이용해 돈을 버는 군수업체는 '죽음의 상인들'이다.

군대는 전적으로 정부가 통제하고, 그 운영에 대한 책임을 져 왔다. 징병제든 모병제든 군대는 '제복을 입은 자국의 시민들'이기 때문이다. 그런 병사들을 사지로 몰아야 한다는 점에서 국가 지도자가 전쟁을 결정하는 것은 큰 정치적 부담이다. 자칫 잘못하면 국민의 지지를 잃고 정권도 잃을 수 있다. 그런데 이러한 국민적 비난을 피하면서도 전쟁을 추진할 수 있는 길이 열렸다. 민간 군사 기업이 생겨났기 때문이다.

민간 군사 기업을 본격적으로 이용한 전쟁이 미국과 영국 등 연합군이 이라크를 상대로 벌인 이라크전쟁(2003~2011년)이다. 이때 미국 정부는 정규군보다 더 많은 수의 민간인 용병을 고용해 이 전쟁을 치렀다. 민간 군사 업체가 군대를 대신해 주면 파견해야 하는 병사의 수가 줄어든다. 그런 만큼 왜 전쟁을 치러야 하는지에 대해 국민을 설득해야 하는 정치적 부담도 가벼워진다. 정규군과 달리 민간 군사 업체가 해외로 나갈 경우, 국회의 동의가 필요하지 않은 것은 물론, 공개적으로 일을 진행해야 할 의무도 없어진다.

또 다른 이점도 있다. 민간 업체를 이용하면 전쟁 비용을 줄일 수 있다. 정부와 계약한 규모가 큰 민간 군사 업체는 가난한 나라 출신 사람들을 값싼 인건비로 고용하기도 하고, 다른 작은 민간 업체나 제3세계 민간 업체에 헐값으로 재하청을 주는 방식으로 이득을 남긴다. 그 과정에서 제3세계 사람들이 자신과 무관한 외국에서 일어난 전쟁에 참여해, 다치고 목숨을 잃는다.

정규군에 의한 인권침해나 범죄, 양민 학살, 병사의 사망은 당연히 정부에 책임이 있다. 그러나 민간 군사 업체가 일으킨 사건이나 사고는 경우가 다르다. 정부는 군사 업체와 계약을 맺었을 뿐이다. 그러므로 임무 수행 중 발생하는 많은 사건·사고들에 대해 정부는 책임을 회피할 수 있다. 사건·사고는 있는데, 책임을 물어야 할 주체는 사라지는 것이다. 민간 군사 기업은 정부에 많은 정치적·경제적 이득을 준다. 이 때문에 민간 군사 업체의 비중은 더욱 커질 전망이다.

양심과 인권은 병역 문제를 넘어선다

양심적 병역거부

양심적 병역거부는 폭력에 대한 거부감과 평화에 대한 신념을 가진 사람들이 군 입대를 거부하는 것을 말한다. 우리나라에서 양심적 병역거부 문제가 수면 위로 떠오른 것은 2000년대에 들어서다. 양심적 병역거부로 처벌받아 감옥에 가는 사람들이 조금씩 늘면서 사회적인 주목을 받기 시작했다. 양심적 병역거부자들은 흔히 종교적 신념 때문에 거부하는 것으로 알려져 있지만, 종교가 없더라도 윤리적 신념 때문에 병역을 거부하는 일도 많다.

평화주의자들이 보기에, 군대는 사람을 살상하는 훈련을 시키는 곳이다. 이들은 상관의 명령에 절대 복종해야 하는 군대의 속성상 일단 입대하면 자신의 양심과 신념을 지키기 어렵다고 생각한다. 그래서 군대에 가느니 차라리 감옥에 가는 길을 택한다.

양심적 병역거부를 비판하는 사람들은, 국민이면 모두 병역의 의무를 이행해야지, 양심에 걸린다고 거부하는 것이 말이 되느냐고 주장한다. 이에 대해 양심적 병역거부자들은 국민의 의무를 회피하려는 것이 아니라, 개인의 양심과 신념을 지킬 수 있도록 의무의 내용과 방향을 바꿔 달라는 것이라고 맞선다.

그들이 일관되게 요구하는 것은 '대체 복무제'다. 산림 관리, 장애인 보조, 재난 구조, 교육 봉사, 치매 노인 간호, 호스피스 병동 근무 같은 일을 통하여 군복무를 대신하겠다고 이야기한다. 대개 대체 복무 기간이 군복무 기간보다 길고 업무 강도가 세도 이를 감수하겠다는 입장이다.

양심적 병역거부를 비판하는 사람들은 대체 복무를 허용하면 많은 젊은이들이 군대에서 고생하기 싫어 대체 복무를 택할 것이라 말한다. 이에 대해 평화주의자들은 군대 가기 싫어 환자들의 똥오줌을 받아 가며 장기간 근무할 사람이 어디 있겠느냐고 반문한다. 무엇보다 대기업이나 공공기관들은 군필자를 더 선호하는데, 그런 사회 진출에서의 불이익까지 감수하면서 대체 복무를 선택하기는 어렵다고 말한다. 이런 주장은 실제로 일리가 있다.

양심적 병역거부는 단순한 병역의 의무에 대한 논쟁이 아니라 사상·양심·종교의 자유와 인권을 어느 정도 허용하느냐의 문제다. 우리나라는 양심적 병역거부로 감옥에 간 사람의 수가 세계에서 가장 많다. 전 세계 수감자 중 90%가 넘는다. 징병제를 채택한 나라 대부분이 대체 복무를 허용하고 있음을 감안하면, 우리나라도 양심적 병역거부를 전향적으로 검토할 필요가 있다.

군인의 인권은 무시되어도 좋을까?

군대 내 폭력

우리나라의 군대 내 폭력은 전 세계에서도 심각한 편에 속한다. 각종 구타, 가혹 행위, 성추행, 그리고 그것이 원인이 된 탈영, 사망, 자살, 총기 사고가 잦다. 사건이 생길 때마다 국방부는 여러 대책을 내놓았다. 관심 병사에 대한 상담을 늘리고, 언어 순화 교육과 인성 교육을 실시하고, 소원 수리를 자주 받고, 국방헬프콜을 설치하고, 가해자에 대한 처벌을 강화하는 등 많은 대책이 쏟아져 나왔다. 그러나 이러한 대책에도 불구하고 군대 내 폭력은 좀처럼 줄지 않고 있다. 왜 그럴까?

군대는 여러모로 폭력이 쉽게 발생할 조건을 갖추고 있는 곳이다. 폭력은 본래 상하 질서가 뚜렷한 사회에서 잘 일어난다. 군대는 철저한 계급사회이고, 상명하복의 문화가 지배한다. 게다가 군대는 폐쇄적이다. 병영 안에서 일어나는 사건·사고들은 좀처럼 외부에 알려지지 않는다. 여기에 지휘관이 군기 확립의 필요성을 이유로 방관하거나 묵인하면 폭력은 더욱 번성하게 된다.

군대 내 폭력을 줄일 방법에 대한 논의들은 많다. 그중에서도 가장 중요한 비판은 군대의 폐쇄성에 대한 것이다. 현재는 군대 내 폭력 사건에 대한 조사권과 재판권을 모두 국방부가 갖고 있다. 그런 까닭에 사건 규명과 처벌이 잘 이루어지지 않는다. 군 폭력 피해자나 유가족들이 요구하는 것은 군 사법제도 개혁이다. 군사재판의 재판관을 일반 법관에게 맡기고, 조사권을 의회에 부여하는 식으로 조사권과 재판권을 군 외부에 두자는 것이다. 그들은 국방부 장관을 군인이 아니라 민간인 가운데 임명하는 방법도 고려할 필요가 있다고 주장한다. 그러면 군에 대한 문민 통제가 수월해져 폭력을 줄일 수 있다고 본다.

군대 내 폭력은 개인 인성의 문제가 아니다. 그것은 구조, 제도, 문화의 문제다. 폭력의 가해자는 주로 고참들이다. 그들 역시 졸병 시절에는 폭력의 피해자였다. 평범한 개인들이 군대에서 일상적으로 폭력에 시달리면서 무감각해지고, 고참이 되면 새로운 가해자가 된다. 청년들이 군에 가는 이유는 자유와 민주주의를 지키기 위해서다. 그런 청년들의 자유와 인간 존엄성이 군대에서 깡그리 무시되는 것이 지금의 현실이다. 이는 심각한 모순이다.

((깊이 들여다보기))

인물

종전 후에도 홀로 28년간 전쟁을 한 사나이

요코이 쇼이치

1972년 2월 2일 괌에서 날아온 일본 항공 특별기에서 비쩍 마른 노인 한 명이 내렸다. 그를 향해 언론의 플래시가 연달아 터졌다. 그의 이름은 요코이 쇼이치. 그는 제2차세계대전 당시 괌에 배치된 일본 육군 상사였다. 그가 언론의 집중 조명을 받은 이유는 전쟁이 끝난 후에도 무려 28년 동안 정글에서 게릴라로 살다 발견되어 일본으로 이송되었기 때문이다. 영화에나 나올 법한 일이었다. 도대체 그에게는 무슨 일이 있었던 것일까?

그가 남태평양의 최전선 괌에 파견된 때는 1944년. 그해 괌에 있던 일본군은 미군에 의해 궤멸되었다. 요코이와 다른 패잔병들은 정글로 뿔뿔이 흩어져 게릴라전을 펼쳤다. 그때부터 로빈슨 크루소 같은 자급자족 생활이 시작되었다. 그는 살아남기 위해 나무 열매는 물론, 새, 개구리, 벌, 지네, 도마뱀 같은 야생동물들을 닥치는 대로 잡아먹었다. 탄피를 잘라 바늘을 만들고, 포

268

탄 껍데기로 칼과 톱을 만들어 썼다. 나무의 섬유를 이용해 천을 짜서 옷도 해 입었다.

1945년 8월 15일 일본이 무조건 항복을 선언한 뒤, 요코이는 미군이 비행기에서 살포한 신문을 통해 일본이 패전했음을 알았다. 하지만 그 이후에도 투항하지 않았다. 이유는 두 가지였다. 하나는 일본이 국력을 회복해 괌을 다시 점령하리라는 막연한 기대와, 또 하나는 '전진훈(戰陣訓)' 때문이었다. '전진훈'이란 '살아서 포로가 되는 굴욕을 당하느니, 죽어서 이름을 더럽히지 않는다'는 일본군 정신을 말한다. 그에게 '전진훈'은 뼛속 깊이 교육된 철칙이었다. 그러니 그는 죽음보다 치욕적인 항복을 할 수 없었다. 그렇다고 자살할 용기도 없었다. 이것이 은둔 생활을 지속하게 했다.

1971년 괌을 덮친 태풍의 영향으로 채취할 수 있는 식량이 줄어들자, 그는 마을 근처까지 내려와 먹을 것을 찾다가 원주민과 마주쳤다. 요코이를 발견한 원주민은 깜짝 놀랐다. 아직도 정글 속에 일본군이 남아 있으리라고는 상상도 하지 못했기 때문이다. 원주민은 그를 경찰에 신고했고, 그는 조사를 받은 후 일본으로 돌아왔다. 혼자서 28년 동안 전쟁을 수행한 요코이. 그는 군대의 영향이 얼마나 정신 깊숙이 미칠 수 있는지를 보여 준다.

전쟁을 일으켜

그 많은 사람들을 죽여야 하는지를 결정하는 것이 문제 될 때

이를 판단하는 이는 단 한 사람이고

더욱이 이 일에 이해관계가 있는 사람이다.

— 파스칼, 『팡세』에서

키워드

12

전쟁

파멸의 정치 수단이자
현대 문명의 뿌리

암울한 현대사의 희생자들

: 디아스포라 :

6·25 전쟁으로 인해 남북으로 떨어져 사는 가족을 '이산가족'이라 부른다. 여기에서 '이산(離散, 헤어져 흩어짐)'이 그리스어로 '디아스포라(Diaspora)'이다. 디아스포라는 본래 기원전 8세기 아시리아의 침입을 시작으로 한 일련의 외세의 침입과 박해 때문에 유럽과 소아시아에 흩어져 살게 된 유태인들을 일컫는 말이었다. 그러나 지금은 전쟁이나 분쟁 때문에 흩어져 살게 된 백성이나 민족을 일컫는 보편적인 말로 쓰인다. 우리 역시 제2차세계대전(일제강점기)과 6·25 전쟁을 거치면서 디아스포라가 많이 발생했다. 현재 코리안 디아스포라는 중국, 이스라엘, 이탈리아 다음으로 많다. 130여 개국 495만여 명에 이른다. 그들 중에는 암울한 현대사의 희생자들이 적지 않다. 재중 동포, 고려인이 그렇다.

재중 동포는 청나라 말기, 흉년과 관아의 수탈을 견디지 못한 농민들이 중국인도 거들떠보지 않던 만주 벌판을 일구기 위해 떠난 것이 시초다. 그러나 그 수는 얼마 되지 않았다. 본격적인 이주는 일제강점기에 시작되었다. 그 당시 수많은 독립운동가들, 그리고 일제의 수탈과 강제징용을 견디지 못한 사람들이 대거 이주했다.

이주민들 중에는 상하이임시정부에 세금을 내며 산 경우도 많았다. 1932년 만주를 점령한 일본은 '만주국'이라는 괴뢰정권을 세웠다. 일본은 조선인을 앞잡이로 삼아 만주를 통치하겠다는 '이선치화(以鮮治華)' 정책을 펴면서 매년 1만 가구씩 강제로 이주시켰다. 이들이 현재 재중 동포를 이루고 있다.

흔히 재중 동포를 '조선족'이라 부르는데, 이는 잘못된 말이다. '조선족'은 중국인들이 중국 내 소수민족의 하나로서 우리 동포를 지칭하는 말이다. 그런 용어를 쓰는 것은 우리가 재일 동포를 '조센징'이라 부르는 것과 같다.

고려인(러시아어로는 '카레이스키'라 부른다.)은 중앙아시아를 비롯해 러시아와 구소련 지역에 흩어져 사는 동포를 일컫는다. 이주의 시작은 재중 동포와 비슷했다. 조선 말기 탐관오리들의 학정과 그로 인한 가난 때문이었다. 그들이 이주한 연해주도 만주처럼 항일 투쟁의 본거지였다. 그러다가 1937년 스탈린의 강제 이주 정책으로 고려인들은 중앙아시아로 강제 이주되었다. 18만여 명의 대이동이었다. 이들이 일본군의 스파이 노릇을 할 가능성이 있다는 점이 이유였다. 당시 강제 이주에 반대할 수 있다는 이유로 고려인 인텔리와 군 장교 등 2,800여 명이 학살되었고, 2만여 명의 고려인들이 굶주림, 풍토병, 모진 추위로 죽었다. 1990년대 초 소련이 붕괴하면서 중앙아시아 국가들이 독립한 후 많은 고려인들이 연해주로 돌아왔다. 오랜 세월이 흘렀지만, 지금도 국적 없는 난민이 되어 중앙아시아를 떠돌고 있는 고려인들이 존재하는 것으로 확인된다.

노인들이 6·25 전쟁 이야기를
잘 안 하는 이유

우리는 역사 시간이나 텔레비전, 책 등을 통해 이 땅에서 큰 전쟁(6·25 전쟁)
이 있었다는 사실을 보고 듣곤 한다. 지금 우리와 함께 살아가는 할머니, 할
아버지들은 몸소 그 난리를 경험했던 세대다. 그럼에도 불구하고 이분들이
6·25 전쟁에 대해 이야기하는 것을 들어 본 일은 별로 없을 것이다. 이유가
무엇일까?

혹자는 '이제 너무 오래된 이야기라 기억에서 잊혀 이야기하지 않는 것이
아닐까?' 하고 생각할지 모르겠다. 그러나 전쟁의 경험은 인생에서 흔히 할
수 있는 것이 아니다. 이는 인생에서 가장 인상적인 경험으로, 세월이 흐른
다고 잊히는 것이 아니다. 전쟁의 이미지들은 여타의 것들과는 비교가 안
되게 강렬할 수밖에 없다.

6·25 전쟁은 세계적 차원에서 봐도 매우 야만적인 전쟁이었다. 20세기에

전 세계에서 일어난 모든 전쟁 가운데 단위면적당 사상자 수가 가장 많았다. (6·25 전쟁의 사상자 수는 630여 만 명이다.) 단순히 사상자만 많은 것이 아니었다. 사상자가 발생하는 양상도 매우 큰 정신적 충격을 동반했다. 평소 서로 알고 지내던 이웃과 동료들이 적으로 돌변해 서로 죽고 죽이는 경우가 적지 않았기 때문이다. 심지어 친인척 내부에서도 편이 갈려 죽고 죽이는 경우가 있었다. 그것이 가져다준 정신적 외상은 이루 말할 수 없이 컸다. 그래서 노인들은 전쟁 이야기를 잘 하지 않는다. 그 참상과 비극을 다시 떠올리는 것 자체가 큰 고통이기 때문이다.

또 하나는 남북이 여전히 군사적 대치 상황에 있고, 반공 이데올로기가 우리를 지배하고 있기 때문이다. 우리나라는 전 세계에서 유일하게 남아 있는 분단국가이고, 여전히 냉전 시대를 벗어나지 못하고 있다. 공식적으로도 우리는 아직 전쟁 중이다. 1953년 7월 27일 국제연합(UN)군과 북한 사이에 맺어진 협정은 '종전(終戰) 협정'이 아니라 '정전(停戰) 협정'이었다. '종전 협정'은 전쟁을 끝내기로 합의하는 협정이지만, 정전 협정은 전쟁을 잠시 멈추자고 합의하는 협정이다. 남과 북은 전쟁을 멈추고 있는 기간이 길어지고 있을 뿐, 전쟁을 끝낸 것이 아니다.

6·25 전쟁은 민간인 학살도 낳았다. 억울한 피해자들이 많았지만, 이에 대한 진상 규명은 제대로 이루어지지 않았다. 반공 이데올로기가 여전히 기승을 부리는 분단 상황이었기 때문이다. 오히려 학살 피해자 가족들까지 빨갱이로 몰려 박해와 불이익을 당하는 경우가 많았다. 전쟁이 끝난 후부터 박정희 정권 때까지 실시된 연좌제가 대표적이었다. 일가친척 중에 좌익 활동을 한 사람이 있으면 공직에 진출하거나 기업에 취직하는 것이 힘들었다. 이런 경험을 한 노인들은 혹시라도 말 한마디 잘못했다가 가족들에게 피해가 갈까 싶어 전쟁 경험을 잘 이야기하지 않는다.

전쟁이
국가를 만든다

고대로부터 대부분의 국가는 전쟁을 통해 성립했다. 우리나라도 마찬가지다. 대한민국은 제2차세계대전의 결과(일본의 패배)로 성립했다. 우리나라와 같이 민족을 단위로 형성된 국가를 흔히 '민족국가'라 하는데, 민족국가의 토대가 되는 '민족의식' 역시 전쟁의 산물이었다. 우리의 '한민족'으로서의 민족의식은 사실상 식민지 시절 일본에 대한 항전과 분노를 통해 형성되었다. 민족의식의 형성은 단지 타민족이 존재하는 것만으로는 충분하지 않다. 타민족에 대한 부정적이고 배타적인 정서가 있어야 한다. 그것은 주로 군사적 대결, 즉 전쟁을 통해 생겨난다.

국가의 구성 요소 중 가장 핵심은 관료 기구다. 얼마나 정교하고 세련된 관료 기구를 만들어 내느냐가 관건이다. 그런데 전쟁은 이러한 관료 기구의 발달을 촉진한다. 왜냐하면 전쟁은 인력과 물자의 총동원을 요구하기 때문이다. 이에 대응하는 과정에서 명령과 책임으로 구분된 구조와 위계질서, 조직 운영을 위한 규칙 체계, 문서를 기반으로 한 행정, 관료와 국민 간의 비인격적 관계, 전문 지식을 기초로 하는 충원 시스템을 갖추게 된다. 이를 기초로 징세 수단이 확립되고, 강제 수단의 독점이 이루어진다. 국가 건설의 핵심 요소들이 전쟁을 통해 확립되는 것이다.

전쟁에서 이기고 지는 것은 백성들의 목숨이 달려 있는 일이다. 세상에 자기 목숨을 구하는 것보다 중요한 일은 없다. 그렇기 때문에 일단 전쟁이 시작되면 백성들은 대개 지도자를 중심으로 똘똘 뭉치고, 그의 말에 무조건 복종하게 된다. 전쟁의 원인이 무엇이냐에 상관없이 그렇다. 달리 말하면 전쟁이라는 상황은 지도자에게 무한 권력을 부여한다. 외국에 대한 증오를 불러일으키면, 국가 내부의 문제는 불식되고 지도자를 중심으로 국민이 단결된다. 그래서 지도자들은 국내에서 분쟁과 갈등이 첨예화되거나 권력의 정통성이 약한 경우, 외국과의 군사적 긴장과 전쟁을 획책하려는 경향이 있다.

적에 대한 적개심은
인종주의를 먹고 자란다

군인도 따지고 보면 '제복 입은 시민'에 불과하다. 징병제건 모병제건 상관없이 그렇다. 전쟁이 나면 결국 이 '보통의 시민들'이 총을 들고 나가서 적을 죽여야 한다. 살인은 평상시 같으면 생각할 수도 없는 끔찍한 범죄로, 평범한 사람이 쉽게 할 수 있는 행위가 아니다. 더구나 '적'이라 불리는 사람들은 개인적으로 나와 아무런 나쁜 감정이 없는 이들이다. 그런데도 전쟁이 나면 이런 사람들을 죽여야 한다. 아무런 억하심정도 없는 사람을 죽음에 이르게 만드는 것은 쉬운 일이 아니다.

국가는 이 지난한 과제를 어떻게 해결할까?

그것은 '증오 교육'을 통해서 이루어진다. 군대에 가면 적을 증오하게 만드는 정신교육을 일상적으로 받는다. 이런 교육은 군대에서만 이루어지는 것이 아니다. 학교에서도 이루어지고, 영화·텔레비전·라디오·신문 같은 대중매체를 통해서도 이루어진다. 증오 교육의 내용은 결국 인종주의다. 적이 '우리와는 완전히 다른 종류의 사람'이라는 사실을 내용으로 한다. 적은 인간 이하이거나, 우리보다 크게 열등하거나, 세상에서 없어져야 할 절대 악으로, 우리를 크게 위협하는 존재로 규정된다.

증오 교육의 종착지는 적에 대한 '탈인간화'다. 우리는 인간이지만, 저들은 인간이 아니라는 의미다. 적을 '탈인간화'하게 되면 인간을 죽이는 것에 대한 두려움과 죄책감이 사라진다. 증오 교육은 적의 문화와 외모가 완전히 다를 경우 특히 효과적이다. 예를 들어 제2차세계대전 시기 미군은 일본군 주검에서 머리를 잘라 물에 끓여 모든 살점을 떼어 버린 뒤 그 해골을 '기념품'으로 가져가거나 애인이나 부모에게 선물로 보내곤 했다. 미국인들은 왜 이런 엽기적인 행위를 했을까? 그것은 일본인을 인간이 아니라, 원숭이로 생각했기 때문이다. 믿기 힘들겠지만, 사실이다.

그들의 행동이 남의 일이기만 할까? 아니다. 우리에게도 그런 경험이 있었다. 6·25 전쟁 당시 양민의 인명 피해가 컸는데, 그 이유 중 하나는 미군에 의한 무차별 폭격 때문이었다. 변명이 될 만한 이유가 미군에게도 없지는 않았다. 겉으로 봐서는 빨갱이인지, 양민인지 알 수 없어 그랬다는 것이다. 물론 먼 이방인의 눈에는 모든 동양인이 비슷해 보일 수 있다. 그러나 거기에는 동양인에 대한 미국인들의 인종주의적 편견도 크게 작용했다. 당시 미군은 모든 한반도 주민을 '구크(gook)'라 불렀다. 구크는 아시아인을 비하하는 말이었다. 그들 눈에 구크는 인간이 아니었다. 그들은 구크를 죽인 것이지 사람을 죽인 것이 아니었다. 이런 태도는 개인적으로 착하거나, 신앙심이 깊은 미군이라 해도 크게 다르지 않았다.

기업 이익 때문에
전쟁을 하기도 한다

2003년 3월 20일 오전 5시 30분, 미국의 부시George Bush 대통령은 이라크의 수도 바그다드를 폭격함으로써 전쟁을 시작했다. 작전명은 '이라크의 자유'였다. 독재자 후세인 치하에서 신음하고 있는 이라크 민중에게 자유(민주주의)를 가져다준다는 의미였다. 2001년 9·11 테러 이후, 부시는 테러 조직 알카에다의 배후로 오사마 빈 라덴Osama bin Laden과 더불어 이라크 대통령 사담 후세인Saddam Hussein을 지목했다. 그리고 이라크의 대량 살상 무기를 제거하지 않으면 미국이 위험하다며 영국 등 연합군을 끌어들여 전쟁을 벌였다.

당연히 이라크는 세계 최강대국인 미국의 상대가 되지 않았다. 전쟁은 한 달도 안 돼 미국의 승리로 끝났다. 그러나 대량 살상 무기는 발견되지 않았다. 그러자 전쟁의 목적에 대한 의심의 목소리들이 쏟아졌다. 대량 살상 무기 제거는 구실일 뿐, 전쟁의 진짜 목적은 '이라크의 석유'를 차지하는 데에 있었던 것 아니냐는 지적이었다. 사실 이런 견해들은 근거가 없지 않다. 미국은 그 전에도 걸프전(1990.8~1991.2)에서 중동의 석유 지배권을 놓고 전쟁을 벌인 적이 있었기 때문이다. 이라크전쟁이 끝난 이후 벌어진 일들도 이를 뒷받침한다.

후세인이 이라크에서 집권을 시작한 시기는 1973년이다. 이때 그는 유전에 대한 전면 국유화를 단행했다. 이 때문에 이라크에서 막대한 이득을 취하던 (미국을 비롯한) 서방의 초대형 석유업체 엑손모빌, 토탈, BP, 로열더치셸 등이 모두 쫓겨났다. 그런데 미국이 이라크를 점령한 뒤, 이 업체들이 다시 이라크에 속속 진출해 석유 지배권을 회복했다. 다른 나라가 갖고 있는 천연자원을 빼앗기 위해 전쟁을 벌이는 일은 늘 있어 왔다. 오늘날에는 이런 천연자원에 대한 지배권도 기업들이 갖는다. 그러므로 천연자원을 놓고 벌이는 전쟁은 기업을 위한 전쟁이된다.

미국은 세계 최대의 무기 수출국이기도 하다. 전 세계 무기 판매고의 절반 정도를 미국 업체들이 차지하고 있다. 미국 경제는 군수산업이 없으면 돌아가지 않을 지경이다. 미국이 전 세계 여기저기에서 전쟁에 개입하거나 전쟁을 일으키는 이유다. 참고로 2011~2015년 사이에 미국으로부터 무기를 가장 많이 사들인 나라는 사우디아라비아, 아랍에미리트, 터키 순이다. 우리나라는 4위로, 미국은 이른바 동맹국에 무기를 팔면서 돈을 벌고 있다.

미국이 우리나라에 무기를 파는 것은 더 쉽다. 북한은 남한과 군

사적으로 대치 중이지만, 미국과도 대치 중이다. 우리나라는 군사적으로 미국의 보호 아래 있다. 전시 작전권(중대한 군사적 긴장이 발생했을 때 군 전체를 통솔할 권리)도 미군에 있다. 미국이 북한에 대한 군사적 대응 수준을 높이면 군사적 긴장이 촉발되고, 이는 미국 군수산업체로부터 더 많은 무기를 사게 만드는 구실이 된다.

한강의 기적은
베트남의 쏭바강에서 시작되었다

지금으로서는 믿기 어렵겠지만, 우리나라는 1960년대까지만 하더라도 에티오피아보다 못살았다. 우리나라 경제가 급속히 성장하기 시작한 것은 1960년대 후반부터다. 이것을 '한강의 기적'이라 부른다. 사람들은 흔히 한강의 기적을 이룰 수 있었던 주된 요인으로 우리 민족의 근면성을 꼽는다. 당시 기성세대가 열심히 일한 것은 맞다. 그러나 아무리 경제 후진국이라 해도 국민들이 게을러서 그렇게 된 것은 아니다. 무엇보다 근면성에만 초점을 맞추면, 북한이 세계 최빈국이 된 이유를 설명할 수 없다. 북한 주민들도 똑같은 기질을 가진 우리 민족이기 때문이다.

우리나라의 경제성장에는 다양한 내외적인 요인들이 있었다. 그중에서 가장 큰 계기 하나만 꼽으라면 '베트남전쟁'이었다. 1965년 미국의 존슨Lyndon Johnson 대통령이 한국의 전투 부대 파병에 대한 보답으로, 한국 상품의 수출 확대와 경제·군사원조의 확대를 약속한 것이 번영의 결정적 계기였다. 그 후 우리나라에는 미국을 중심으로 한 차관, 무상 원조, 직접투자가 급증했다. 우리나라 기업들은 파병된 한국군의 군수물자뿐 아니라 미국이 지원하는 남베트남군의 군수물자도 납품했고, 베트남 건설 사업에도 뛰어들 수 있었다. 베트남 파병 군인들이 국내로 보내오는 돈도 우리의 외환 보유고를 늘렸다. 이것을 '베트남 특수(特需)'라 한다.

　우리에게 베트남은 '전장'이면서 '시장'이었다. 우리나라는 일본에서 자본재, 공업용 원재료 등을 수입한 다음, 국내의 싼 노동력을 이용하여 군수품과 전자 제품을 조립 가공했다. 그리고 베트남과 미국, 동남아시아 및 아프리카 등의 친미 정권 나라들에 수출했다. 우리나라의 수출 주도형 고도성장이라는 모델은 베트남전쟁 시기 구축되었다. 지금은 상황이 많이 다르지만, 당시 미국은 우리나라의 국방비 대부분을 부담하다시피 했는데, 한국 정부는 그 때문에 생긴 재정적 여유를 공업화 자금으로 쓸 수 있었다.

　베트남에 파병된 병사들은 대부분 가난한 집안 출신이었다. '어차피 해야 할 군대 생활, 베트남에 다녀오면 조그만 가게나 땅을 살 만한 돈을 모을 수 있다'는 말 때문에 파병을 신청한 사람들이 많았다. 모두 32만 명이 파병되었는데, 그중 5,000여 명이 전사했다. 다친 사람은 그보다 많았고, 미군이 무차별 살포한 고엽제 피해자도 부지기수였다. 베트남 사람들에게 '따이한'(베트남어로 '대한'이라는 뜻)은 공포의 대상이었다. 무고한 양민들까지 잔혹하게 죽이는 것으로 유명했기 때문이다. 따이한에게 가족과 이웃을 잃은 베트남의 전쟁 세대들은 지금도 그들의 만행을 깊은 상처로 간직하고 있다.

거칠게 말하면, 지금 우리가 잘살게 된 것은 베트남 사람들의 피 묻은 돈(미국이 준 돈과 기회) 때문이다. 우리의 경제 기적은 한강이 아니라 피로 물든 베트남 쏭바강에서 시작되었다. 이런 점들을 생각하면 오늘날 우리가 잘살게 된 것이 자랑스러운 일만은 아니다.

한반도에서 핵전쟁이 일어난다면?

여러분은 북한이 여러 차례 핵실험을 했다는 사실을 뉴스를 통해 보거나 들은 적이 있을 것이다. 북한은 사실상 핵보유국이다. 국책 연구 기관인 통일연구원도 이렇게 썼다. "공식적으로 북한을 핵보유국으로 인정할 수는 없지만, 전략적 의미에서는 핵 국가인 것이 엄연한 현실이다."(2012년 1월 보고서) 우리나라는 핵무기를 보유하고 있지 않다. 그러나 주한 미군이 핵무기를 보유하고 있다. 그러니 남한도 핵으로부터 마냥 자유롭지는 않다. 이런 상황에서 만에 하나 한반도에서 핵전쟁이 발발한다면 어떻게 될까? 서울 시청에 1메가톤급 무기 하나가(1메가톤은 일반적인 전략 핵폭탄의 기본 크기임) 투하되었을 때의 상황은 이렇다.

우선 핵탄두가 투하된 지점을 중심으로 화구가 생성되면서 약 3킬로미터에 달하는 거대한 불덩이가 생겨난다. 폭발과 동시에 태양열의 1,000배에 이르는 열이 1~2초간 발생하는데, 이로 인해 그 안에 있던 모든 것이 순식간에 '증발'한다. 거대한 불덩이는 산소를 빠른 속도로 빨아들여 태우고, 주변의 건물들은 그 속도를 못 이겨 폭심지 안쪽으로 빨려 들어가듯 붕괴된다. 전자기 펄스(EMP)에 의해 서울 인근의 모든 전자 장비는 작동을 멈춘다.

폭발 몇 초 뒤에는 후폭풍이 발생한다. 엄청난 양의 산소를 빨아들인 핵폭발이 이번에는 시속 1,000킬로미터로 산소를 팽창시킨다. 이는 거대한 괴물이 산소를 모두 빨아들였다가 엄청난 속도로 내뱉는 것과 같다. 후폭풍은 규모 7.0 지진의 파괴력으로 도시를 덮친다. 열과 바람을 포함한 후폭풍은 차량, 인간, 건물 잔해를 공중으로 2~3킬로미터 정도의 높이까지 올려 보낸다. 도로의 아스팔트는 부글부글 끓고, 사람은 복사열에 타거나 총알처럼 날아오는 건물 파편 또는 유리 파편에 관통당한다.

이게 끝이 아니다. 그 후에는 방사능 낙진의 피해가 기다리고 있다. 방사능 낙진은 도시에 눈처럼 쌓이거나 바람을 타고 가깝게는 인천, 수원, 용인, 동두천, 멀리는 편서풍을 타고 일본까지 날아간다. 낙진에 노출된 사람은 2주 내지 6개월 안에 사망하게 된다. 결론적으로 서울 한복판에 핵무기가 떨어진다면 직간접적인 피해로 1,000만~1,200만 명이 사망할 것으로 추정된다. 이러한 상황은 평양에 미국의 핵무기가 떨어져도 크게 다르지 않다.

한반도에서 전쟁이 터진다면 이렇듯 남과 북 모두가 공멸하게 될 것이다. 이를 막는 방법은 하나뿐이다. 늦기 전에 상대를 대화의 장으로 끌어내는 것, 늦기 전에 군사적 긴장을 완화하는 것이다.

전쟁 영화가 많은 이유

우리는 전쟁 영화들이 끊임없이 제작되어 나오는 것을 목격한다. 전쟁은 영화가 가장 선호하는 소재 중 하나다. 이유가 무엇일까? 영화는 기본적으로 시각 매체다. 시각 매체는 그 성격상 볼거리를 추구할 수밖에 없는데, 풍부한 볼거리를 제공하는 소재로 전쟁만 한 것이 없다. 전쟁 영화에서는 장대한 스케일의 액션, 폭력과 살인, 폭발과 파괴, 불, 낭자한 피와 죽음 등을 보여 줄 수 있다. 물론 끔찍하고 잔혹한 장면을 싫어하는 사람도 있을 것이다. 그러나 전쟁 장면이 사람들의 흥미를 자극하기 좋다는 사실도 부인하기 어렵다.

　사람들이 일반적으로 영화를 보는 이유는 '생기(生氣)' 때문이다. '생기'란 '내가 살아 있다는 느낌'이다. 사람은 '내가 왕성하게 살아 있다는 느낌'을 받을수록 즐거움을 느낀다. 사람들이 전쟁 영화를 즐겨 보는 이유도 마찬가지다. 평화로운 시대를 배경으로 한 영화와 달리 전쟁 영화에서는 극적인 순간, 절정의 순간들을 연달아 배치하는 것이 쉽다. 이는 관객들에게 롤러코스터를 탔을 때와 같은 스릴을 느끼게 해 준다. 생과 사를 넘나드는 극한의 상황은 관객들로 하여금 긴장감을 갖고 흥미진진하게 영화를 보게 만드는 효과를 낳는다.

　전쟁 영화에는 죽음이 난무한다. 죽음은 생기와 반대된다. 사람들이 영화를 보면서 자신과 동일시하는 존재는 주인공이다. 주인공은 죽지 않는다. 어떠한 난관과 위험 속에서도 불사조같이 살아남을 뿐 아니라, 결국에는 승리하는 경우가 많다. 고통과 죽음이 난무하는 전장은 주인공의 생존과 승리의 기쁨을 극대화시키는 무대장치로 기능한다. 전쟁 영화 속 휴머니즘도 마찬가지다. 전쟁이 만들어 내는 상황이 비인간적일수록 주인공의 인간적인 면모는 부각된다. 그럴수록 감동도 배가된다. 영화가 전쟁 소재를 좋아하는 이유들이다.

그러나 전쟁 영화들에 대한 비판적인 시각들도 존재한다. 대표적인 비판은 영화 〈람보〉^{Rambo} 시리즈나 〈300〉(2006)이 그렇듯 전쟁 영화가 전쟁을 너무 낭만적으로 그린다는 것이다. 오늘날 전쟁 영화들은 전쟁을 오락이나 스트레스 해소의 수단쯤으로 여기게 만든다. 그러나 실제 전쟁에는 참담한 고통과 슬픔만 있을 뿐이다. 전쟁이 끝났다 해도 슬픔과 고통이 끝나는 것은 아니다. 가족이 죽거나 자신이 다쳤으면 죽거나 다친 대로, 사람을 죽였으면 죽인 대로 심각한 정신적 외상(트라우마)을 겪는 경우가 많다. 실제 전쟁은 영화와 많이 다르다.

세계 최강대국 미국을 꺾다

손자

여러분들은 "적을 알고 나를 알면 백 번을 싸워도 위태롭지 않다[지피지기 백전불태(知彼知己百戰不殆)]."라는 말을 한 번쯤은 들어 봤을 것이다. 이는 『손 자병법』에 나오는 말로, 『손자병법』의 저자가 바로 손자(孫子)다. 손자는 '손 (孫) 선생님'이라는 뜻이다. (공자나 맹자도 마찬가지다. 공자와 맹자는 성씨만 따 서 높여 부른 것으로, '공 선생님', '맹 선생님'이라는 뜻이다.) 본명은 손무. 손무는 춘추시대 제나라 낙안 태생으로 오나라 왕 합려를 주군으로 모셨던 장수다. 초나라, 제나라, 진나라 등을 굴복시켜 합려를 중원의 패자(覇者)로 만든 사람 으로 유명하다.

손자가 세계적인 명성을 얻게 된 것은 20세기 들어와서였다. 미국은 세계 최강대국으로서 누구와 전쟁을 해도 지지 않았고, 어떤 전쟁에 개입해도 자 신의 뜻을 관철시킬 수 있었다. 그런데 딱 세 곳에서만 지거나 이기지 못했다. 그 세 곳이 바로 베트남, 중국, 한반도였다. 공교롭게도 아시아 지역에서만 이런 일이 생긴 것이다. 베트남전쟁에서는 호찌민에게 패했고, 중국에서는 국민당의 장제스를 군사적으로 지원했음에도 공산화를 막을 수 없었다. 6·25전쟁에서도 미국은 승리하지 못하고 전쟁 이전의 상황을 회복하는 데 그쳤다.

서양인들은 호찌민과 마오쩌둥이 구사하는 전술이 이제까지 봐 온 것과 너무 다르다는 사실을 발견했다. 그리고 그것이 『손자병법』에서 유래되었음을 알고, 이에 주목했다. 호찌민과 마오쩌둥이 적용한 손자의 전술들은 이랬다. 대오를 정비하고 진격해 올 때는 싸움을 피하고, 힘보다는 시간을 이용해 침략자를 녹초로 만든다. 적이 편안하면 피곤하게 하고, 배가 부르면 보급로를 끊어 굶주리게 한다. 어디서 어떻게 공격해 올지 모르게 만든다. 그러면 적이 방비해야 할 곳이 많아진다. 방비할 곳이 많아지면 상대할 적의 병력은 줄어든다. 그러다 허술한 곳이 생기면 속전속결로 치고 빠진다. 밤에 싸울 때는 불과 북을 많이 쓰고, 낮에는 깃발을 많이 써 적의 심리를 위축시킨다. 이런 게릴라전으로 호찌민과 마오쩌둥은 승리를 거머쥐었다.

손자의 전쟁 철학은 흔히 '부전이굴(不戰而屈)'로 요약된다. '싸우지 않고 상대를 굴복시킨다'는 뜻이다. 싸우지 않고 이기는 것이 백 번 싸워 백 번 이기는 것보다 낫다는 의미다. 손자는 병법가였지만, 적어도 호전주의자는 아니었던 셈이다. 자기 계발서, 처세서, 경영서로 포장된 『손자병법』은 언제나 시중에서 큰 인기다. 사람들이 손자에게 생존법과 성공법을 묻고 있는 것이다. 살아가는 일이 전쟁이 된 현실을 반영하는 것 같아 씁쓸하다.

근대 전쟁 이론의 창시자

클라우제비츠

'무예'라는 말이 있다. 무술과 비슷한 말이지만, 뉘앙스가 조금 다르다. 무예는 예술의 경지에 이른 무술로, 정신적 가치를 내포한다. 옛날의 전쟁이 그랬다. 전쟁은 일정한 정치적 목적 아래 수행되지만, 그렇다고 수단과 방법을 가리지 않고 서로 죽고 죽이는 싸움이 아니었다. 비겁함을 용납하지 않는 일정한 규칙 아래 서로의 용맹성, 솜씨, 인격을 겨루었다. 이는 '예술' 혹은 '제의(祭儀)'에 가까웠다.

이런 관념은 심지어 최초의 대량 살상 무기인 소총이 발명된 뒤에도 한동안 유지되었다. 특히 비유럽 세계에서 그랬다. 일례로 프랑스 소총 부대를 향해 투르크족의 맘루크 군대는 이렇게 소리쳤다. "우리 전사 한 사람만으로도 그대의 모든 군대들을 궤멸시킬 수 있다. 그러니 총은 쏘지 말라. 그 무기는 설혹 여인이라 해도 많은 전사를 죽일 수 있다. 어떻게 감히 무슬림에게 총을 쏠 수 있단 말인가!" 맘루크 군인들의 전쟁 개념은 살육이 절제된 전쟁, 일부 용병이나 왕의 군대만이 수행하던 전통적인 전쟁에 머물러 있었던 것이다.

프랑스혁명 이후 전쟁의 양상은 바뀌었다. '국민 전쟁'의 시대가 열린 것이다. 국민 전쟁은 모든 물자와 인력의 총동원이라는 '총력전', '전면전' 개념을 낳았다. 이것이 소총과 대포 등 화약을 이용한 대량 살상 무기와 결합되자, 전쟁은 무차별적 연쇄 폭력으로 발전했다. 인명 피해가 늘어난 만큼 적에 대한 증오와 혐오 역시 커지고, 이는 다시 통제 불능의 보복 전쟁으로 이어졌다. 전쟁이 모든 사람의 삶을 집어삼켜 버렸다. 그야말로 '전쟁 전체주의' 시대의 개막이었다.

클라우제비츠^{Carl von Clausewitz}는 프로이센의 장교로서 나폴레옹과 맞서 싸웠고, 너무 많은 군인들이 죽어 가는 것을 목도했다. 그는 자신의 경험을 토대로 글을 썼는데, 이 글이 '최초의 근대 전쟁론'이라 불리는 『전쟁론』이다. 이 책에 담겨 있는 핵심 주장은 다음과 같다. "전쟁은 정치의 연장이다." 이 말에는 정치에 대한 애증이 담겨 있다. 전쟁을 할 것인가, 말 것인가도 사람이 정한다. 정확히 말하면 최고 권력자가 정치적 필요성 때문에 전쟁을 한다. 그런 의미에서 전쟁은 정치의 연장이다.

전쟁을 하느냐 마느냐를 결정하는 주체가 정치라는 의미는, 정치를 잘하면 전쟁을 피할 수 있다는 말이기도 하다. 클라우제비츠는 나폴레옹 시대의 사람으로서 근대 전쟁의 전체주의적 성격을 일찍이 간파했다. 총력전, 전면전이 유례없이 많은 사람들의 목숨을 앗아 가는 장면을 목도했다. "전쟁은 정치의 연장"이라는 말에는 근대 전쟁의 전체주의적 성격이 정치 자체를 집어삼키려는 것에 대한 깊은 우려도 섞여 있었다.

북트리거 포스트

북트리거 페이스북

그러니까 이게, 사회라고요?
: 용기 있는 10대를 위한 세상 읽기

1판 1쇄 인쇄일 2017년 8월 10일
1판 6쇄 발행일 2022년 4월 1일

지은이 박민영
펴낸이 권준구 | 펴낸곳 (주)지학사
본부장 황홍규 | 편집장 윤소현 | 팀장 김지영 | 편집 양선화 박보영 김승주
일러스트 송진욱 | 디자인 정은경디자인
마케팅 송성만 손정빈 윤술옥 이예현 | 제작 김현정 이진형 강석준 방연주
등록 2017년 2월 9일(제2017-000034호) | 주소 서울시 마포구 신촌로6길 5
전화 02.330.5265 | 팩스 02.3141.4488 | 이메일 booktrigger@naver.com
홈페이지 www.jihak.co.kr | 포스트 http://post.naver.com/booktrigger
페이스북 www.facebook.com/booktrigger

ISBN 979-11-960400-4-8 43300

북트리거

트리거(trigger)는 '방아쇠, 계기, 유인, 자극'을 뜻합니다.
북트리거는 나와 사물, 이웃과 세상을 바라보는 시선에 신선한 자극을 주는 책을 펴냅니다.